Bert Bielefeld – Roland Schneider

Kostenplanung

Bert Bielefeld – Roland Schneider

Kostenplanung

BIRKHÄUSER
BASEL

Inhalt

VORWORT _7

EINLEITUNG _8

GRUNDLAGEN DER KOSTENPLANUNG _12
    Begriffe und Strukturen _12
    Kostenkennwerte _15
    Prinzip der Kostenprognose _21
    Kosteneinflüsse _21
    Bewertung von Kostenrisiken _24

METHODEN DER KOSTENERMITTLUNG _30
    Kostenermittlung mit Hilfe von Rauminhalten _30
    Kostenermittlung mit Hilfe von Grund- und Nutzflächen _35
    Kostenermittlung anhand von Grobelementen _39
    Kostenermittlung anhand von Bauelementen _42
    Kostenermittlung anhand von Leistungsverzeichnissen _46

FORTSCHREIBEN DER KOSTENPLANUNG _51
    Grundlagen zum Fortschreiben und Pflegen
    einer Kostenplanung _51
    Arbeiten mit einer bauelementbezogenen Kostenermittlung
    in der Planungsphase _55
    Arbeiten mit einer gewerkeorientierten Kostenermittlung
    in der Vergabephase _58
    Kostenverfolgung in der Bauphase _60
    Kostenfeststellung und Auswertung _63

NORMATIVE GRUNDLAGEN _65
    DIN 276 in Deutschland _65
    ÖNORM B 1801 in Österreich _67
    Baukostenplan Hochbau in der Schweiz _68

SCHLUSSWORT _70

ANHANG _71
    Literatur _71
    Die Autoren _71

Vorwort

Neben der Entwurfs- und Planungsarbeit liegen die Aufgaben des Architekten vor allem im Management der projektbezogenen und bauherrenseitigen Rahmenbedingungen. Dies umfasst organisatorische, technische und ökonomische Aspekte: von der Planung der Abläufe, der Ausschreibung, der Termin- und Kostenplanung über die Bauleitung bis hin zur Übergabe an den Bauherrn. Das effiziente und erfolgreiche Projektmanagement von Bauprojekten stützt sich dabei im Wesentlichen auf den souveränen Umgang mit den Baukosten und der Terminplanung.

Der Planer hat die Pflicht, das Geld des Bauherrn in dessen Sinne für die Bauaufgabe zu verwenden. Er verfügt in der Regel über ein vorgegebenes Budget, welches er auf alle im Zuge der Baumaßnahme anfallenden Kosten verteilen muss. Für den Bauherrn ist die Einhaltung des vorgegebenen Budgets in der Regel entscheidend für den gesamten Projekterfolg.

Die Qualität von Planern wird deshalb weitestgehend an deren Kosten- und Termineinhaltung gemessen; umso mehr gehört die Kostenplanung zu den wichtigsten Grundlagen der Projektabwicklung und muss integraler Bestandteil des Planungs- und Bauprozesses sein. Die Kostenermittlung ist unerlässlich für die Aufstellung des Projektbudgets und die Kostenverfolgung im weiteren Prozess, um planungs- und baubegleitend Kostenüberschreitungen zu erkennen und zu steuern.

Da Studenten und Berufsanfänger meist noch über wenig Praxiserfahrung verfügen, ist die Unsicherheit gerade im Umgang mit Kosten bei den ersten Bauprojekten besonders groß. Die Verantwortung gegenüber dem Bauherrn erfordert aber einen souveränen Umgang mit diesem Thema.

Das Buch *Basics Kostenplanung* erklärt schrittweise und praxisnah die Kostenplanungsprozesse während der Planungs- und Bauphase und erläutert übersichtlich und klar strukturiert, wie sich Kosteneinflüsse und -risiken einschätzen und bewerten lassen. Dies wird unterstützt durch Praxistipps, Beispiele und einfache, übersichtliche Grafiken, die bei der Erstellung einer Kostenplanung helfen. Der unerfahrene Planer erlernt das unverzichtbare Handwerkszeug, um fundiert und praxisnah in das Arbeitsfeld des Budgetmanagements einsteigen zu können.

Bert Bielefeld, Herausgeber

Einleitung

Relevanz von Baukosten

Die geschätzten und tatsächlichen Kosten sind bei vielen Bauprojekten ein zentrales Thema zwischen Bauherr und Architekt. Dies liegt nicht zuletzt daran, dass der Bauherr für das Bauprojekt eine hohe Investitionssumme einsetzen muss, welche in vielen Fällen die sonstigen Ausgaben um ein Vielfaches übersteigt. Die Einhaltung von Budgets ist daher elementar für den Auftraggeber. Gerade wenn es um Investitionen bei Renditeobjekten geht, stehen den späteren Einnahmen (wie Mieten oder Verkäufen) die notwendigen Ausgaben (Baukosten, Finanzierungskosten, Abschreibungen, Unterhaltungskosten) gegenüber. Die Rendite bzw. der Gewinn (Einnahmen abzüglich Ausgaben) bei Immobilieninvestitionen ist wesentliches Kriterium der Projektentscheidung und des Projekterfolgs. Schon leichte Erhöhungen der Baukosten während der Bauphase können das Projekt in die Verlustzone ziehen – mit Auswirkungen für viele Jahrzehnte.

Hinzu kommt, dass Bauprojekte – anders als in der industriellen Produktion – meist einen sehr individuellen oder sogar prototypischen Charakter haben. Abläufe und Strukturen sind daher ohne Anpassungen nur bedingt von einem Projekt auf das nächste zu übertragen, sodass es zu Unwägbarkeiten und Überraschungen mit zeitlichen und monetären Auswirkungen kommen kann, welche zu Beginn des Projektes nicht oder nur teilweise voraussehbar waren. Zudem liegt eine lange Zeitspanne zwischen Projektentscheidung und Fertigstellung des Gebäudes. Es ist daher möglich, dass sich Einschätzungen, etwa zur Marktpreisentwicklung, zu Beginn eines Projektes im Laufe der Zeit als falsch erweisen können.

Lebenszykluskosten

Auch wenn diese Zeitspanne erhebliche finanzielle Schwankungsbreiten beinhalten kann, ist sie, gemessen am Lebenszyklus eines Gebäudes, nur ein sehr kurzer Zeitraum, jedoch einer mit wesentlichen Auswirkungen. Finanzielle Entscheidungen, z. B. bei Konstruktions- oder Haustechnikalternativen, wirken sich über den gesamten Nutzungs- bzw. Lebenszyklus aus und erzeugen unterschiedliche Bauunterhaltskosten. Kumuliert man die entstehenden Kosten (Wärme-, Wasser- und Stromversorgung, Reparaturen, Wartung usw.) während der Nutzung des Gebäudes, so übersteigen diese die anfängliche Investition um ein Mehrfaches. Die Investition in ein Bauprojekt ist jedoch innerhalb eines recht kurzen Zeitraums von wenigen Monaten oder Jahren aufzubringen, wogegen Baunutzungskosten laufend anfallen und sich über Jahrzehnte erstrecken. Besonders durch höhere Anfangsinvestitionen im Bereich der technischen Gebäudeausrüstung lassen sich z. B. durch eine effizientere Heiztechnik über die Nutzungsdauer deutliche Einsparungen erreichen. > Abb. 2

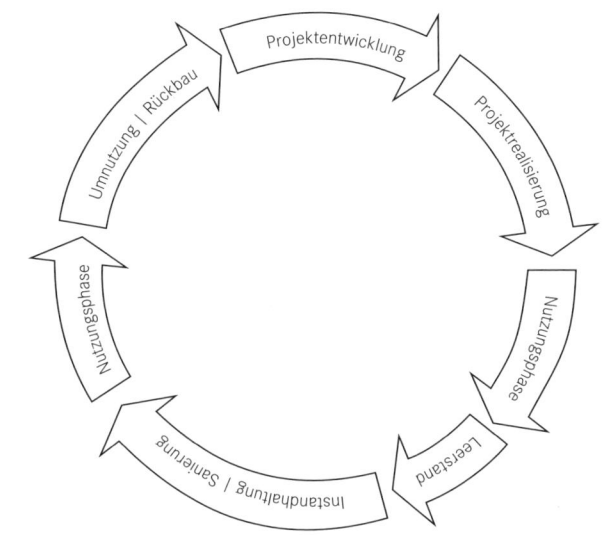

Abb. 1: Lebenszyklus von Gebäuden

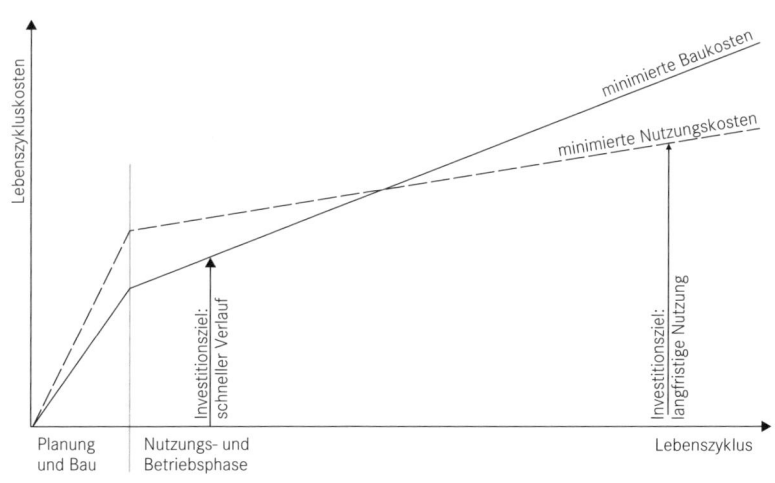

Abb. 2: Zusammenhang von Investitions- und Nutzungskosten

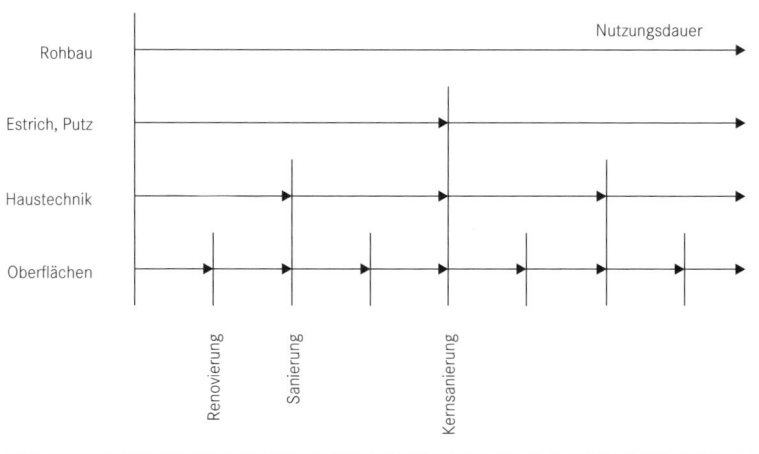

Abb. 3: Lebenszyklus von Bauteilen

Investitionen während der Nutzung

Neben den Investitionskosten beim Neubau eines Gebäudes und den laufenden Bauunterhaltskosten entstehen im Lebenszyklus in verschiedenen Abständen (Instandhaltungs- und Erneuerungszyklen) immer wieder neue Kosten, um das Gebäude auf einen aktuelleren technischen Standard zu bringen bzw. größere Schäden zu beseitigen. Man unterscheidet je nach Bauteil verschiedene Zyklen, die natürlich von Projekt zu Projekt sehr unterschiedlich ausfallen können. Die Rohbausubstanz ist in der Regel das langlebigste Bauteil, dessen Gebrauchsende meist gleichbedeutend mit Abriss und Neubau ist. Grobe Ausbauteile wie die Gebäudehülle, Putze und Estriche sind in der Regel ebenfalls recht langlebig und müssen erst nach einigen Jahrzehnten ausgetauscht werden. Haustechnische Anlagen (z. B. Lüftungsanlagen, Sanitärgegenstände, Elektroinstallationen, Datentechnik) und insbesondere die Verschleißoberflächen (z. B. Anstriche, Bodenbeläge) sind deutlich kurzlebiger und bedürfen je nach Funktion, Konstruktionsweise und Instandhaltungsgrad teilweise recht kurzer Investitionszyklen. > Abb. 3

Daher ist es wichtig, bereits bei der Planung von Neubauten den späteren Austausch von Bauteilen und deren Investitionszyklen zu berücksichtigen. Werden haustechnische Installationen wie Datenkabel oder Lüftungsleitungen mit kurzen Lebensdauern unter langlebigen Bauteilen (z. B. Estriche oder Putze) angeordnet, müssen diese samt allen Belägen und Oberflächen bei einem Austausch ebenfalls mit entfernt und erneuert werden. So sind bei einer zukünftigen Investition deutlich höhere Kosten zu erwarten als z. B. bei reversibel und erreichbar angebrachten Installationen in einem Schacht.

Generell wird der Bauherr ein wesentliches Augenmerk auf die Einhaltung der Baukosten und – bei längerem Nutzungsinteresse – auch auf deren Auswirkungen in der Nutzungsphase legen. Architekten und Planer müssen daher das Informations- und Erfolgsinteresse im Bereich Baukosten als zentrales Planungsergebnis akzeptieren und die notwendigen Arbeitsschritte in den Prozess integrieren. Die Einhaltung der Baukosten bleibt neben der Einhaltung des geplanten Fertigstellungstermins eine der wenigen physischen Kenngrößen, anhand derer der Bauherr die Qualität und Professionalität der beteiligten Architekten und Planer bewerten kann und wird.

<small>Erwartungshaltung des Bauherrn</small>

Grundlagen der Kostenplanung

Zum Verständnis der Kostenplanung müssen zunächst einige Grundlagen erläutert werden. Neben der Abgrenzung der Fachbegriffe soll vor allem ein Verständnis für die Einflüsse und Schwankungsbreiten bei den Baukosten erzeugt werden, da dies eine Grundvoraussetzung ist, um die Aussagekraft von Kostenermittlungen einschätzen zu können. Gerade der transparente Umgang mit Unwägbarkeiten und Kostenrisiken ist wesentlicher Bestandteil einer verantwortungsvollen Betreuung des Bauherrn im Planungs- und Bauprozess.

BEGRIFFE UND STRUKTUREN

Kosten im Lebenszyklus

Betrachtet man den gesamten Lebenszyklus eines Gebäudes, so sind neben den eigentlichen Errichtungskosten weitere Nutzungs- und Entsorgungskosten zu berücksichtigen. Die ISO 15686-5 definiert Lebenszykluskosten (LCC) im engeren Sinne aus der Summe von Baukosten, Betriebskosten, Kosten für Reinigung und Bauunterhaltung sowie den Abbruch bzw. End-of-life-Kosten. Im weiteren Sinne umfassen Lebenszykluskosten (WLC) darüber hinaus externe bzw. nicht baubezogene Kosten wie Einnahmen, Finanzierungskosten usw. > Abb. 4

Festlegung des Budgets

○ Unabhängig davon, ob es sich um einen Neubau, ein Projekt im Bestand oder um einen privaten, öffentlichen oder gewerblichen Bauherrn handelt, wird mit der Entscheidung zur Durchführung bei fast allen Projekten ein Budget festgelegt. Das Budget ist nicht gleichbedeutend mit der Geldsumme, welche die Planungsgrundlage für die Arbeit der Architekten und Fachplaner ist. In der Regel beinhaltet das Budget für den Bauherrn weitere Kostenfaktoren: z. B. Grundstückserwerb, Finanzierungskosten, interne Nebenkosten, Rechtsberatungs- und Notarkosten usw. Für das Planungsteam sind als Kostenvorgabe die projektbezogenen Kostenfaktoren relevant.

Alle im Planungs- und Bauprozess folgenden Kostenermittlungen müssen sich an dieser Vorgabe orientieren. Im Umgang mit einer Kostenvorgabe ist zwischen Maximal- und Minimalprinzip zu unterscheiden.

○ **Hinweis:** Es ist zwischen der Kostenvorgabe als Budgetfestlegung des Bauherrn und der Abgabe einer Kostengarantie durch den Architekten zu unterscheiden. Bei Letzterer garantiert der Architekt die Einhaltung der Kosten und haftet somit vollständig für eventuelle Mehrkosten – auch wenn er diese nicht zu verantworten hat.

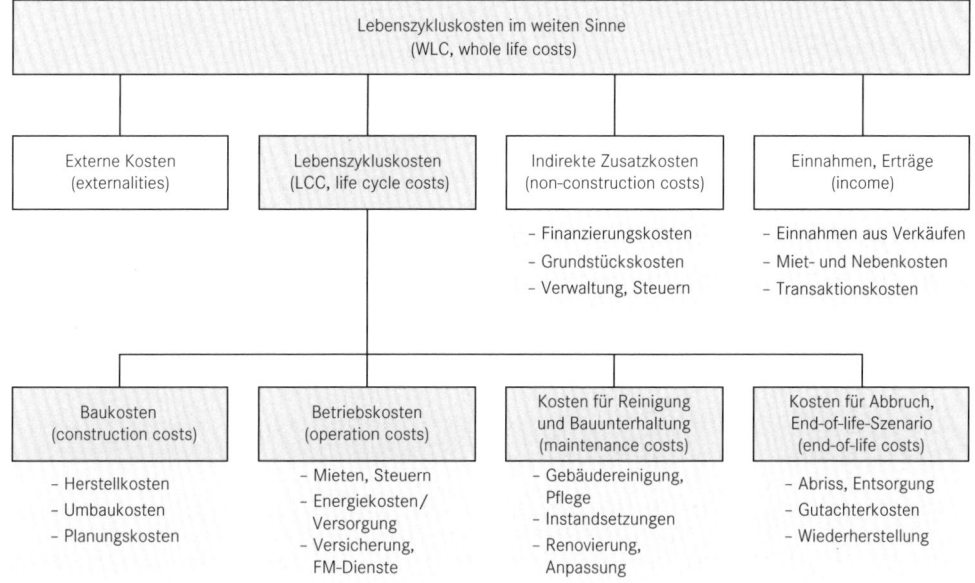

Abb. 4: Einteilung der Lebenszykluskosten in Anlehnung an ISO 15686-5

Beim Minimalprinzip wird davon ausgegangen, dass es feste Qualitätsvorgaben des Bauherrn gibt und diese zu möglichst geringen Baukosten realisiert werden sollen. Dies ist z. B. der Fall, wenn bereits feste Mietverträge mit späteren Nutzern inklusive Baubeschreibungen existieren oder wenn eine Hotelkette eine weitere Filiale nach bewährtem und wirtschaftlich optimiertem Schema baut.

Minimal-/ Maximalprinzip

Das Maximalprinzip beruht dagegen auf einer fixen Kostengrenze, innerhalb derer möglichst viel Baumasse und Qualität realisiert werden soll. Dies ist z. B. im öffentlich geförderten Wohnungsbau der Fall, bei dem im Rahmen einer fixen Fördersumme möglichst viel Wohnraum realisiert werden soll. > Abb. 5

Die Kostenplanung ist der Oberbegriff aller Aktivitäten, die während des Planungs- und Bauprozesses durchgeführt werden. Generell gehören das Aufstellen von Kostenermittlungen, das Überwachen und Kontrollieren der Ergebnisse und Ereignisse im Prozess sowie steuernde Aktivitäten, die etwa zum Auffangen von Kostensteigerungen dienen, zur Kostenplanung.

Kostenplanung

Kostenermittlungen werden im Verlauf des Planungs- und Bauprozesses stufenweise durchgeführt, insbesondere wenn der Bauherr wesentliche Entscheidungen treffen muss. Ist beispielsweise zu entscheiden, ob

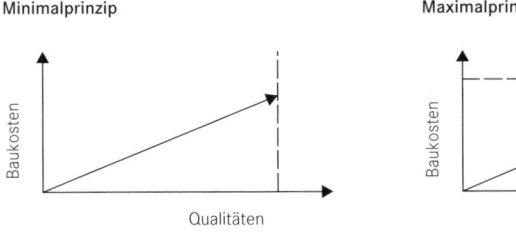

Abb. 5: Minimal- und Maximalprinzip

eine Vorentwurfsvariante weiterverfolgt oder eine Planung als Bauantrag bei der Genehmigungsbehörde eingereicht werden soll, so ist auch der aktuelle Kostenstand als Entscheidungsvorlage zu ermitteln.

Die Kostenkontrolle hat zwei wesentliche Faktoren. Einerseits bezieht sie sich auf den Abgleich der aktuellen Kostenermittlung mit der Kostenvorgabe und den bisherigen Kostenermittlungsstufen, um Abweichungen im Prozess benennen und bewerten zu können. Andererseits sind die Kosten im Prozess laufend zu verfolgen, um den Bauherrn bei wesentlichen Abweichungen rechtzeitig informieren zu können. Dieser kann dann eventuell notwendig werdende Maßnahmen zur Anpassung wie Qualitätsänderungen oder Flächenreduzierungen direkt anweisen. Entsprechende Eingriffe in den Prozess werden als Kostensteuerung bezeichnet.

Kostengliederung Ein weiterer wesentlicher Faktor ist die Art, wie Kosten dargestellt und strukturell gegliedert werden. Hierbei unterscheidet man grundsätzlich zwei verschiedene Sichtweisen:

Die bauteilorientierte Kostengliederung strukturiert die ermittelten Baukosten anhand der Gebäudesystematik. Je nach Detaillierungsgrad werden anhand der Bauteile (Decke, Wand, Dach usw.) oder der einzelnen Bauelemente (Bodenbelag, Estrich, Decke, Deckenputz usw.) die Kostenverursacher aufgelistet. Die Einteilung der Kosten erfolgt dabei in sogenannte Kostengruppen. > Kap. Grundlagen der Kostenplanung, Kostenkennwerte

Die vergabeorientierte Kostengliederung richtet sich nach der späteren Struktur der Vergabeeinheiten der Bauleistung. Es werden also gewerkebezogene Kostenstrukturen (Rohbau, Dachdeckung, Estrich, Putz, Maler, Elektroarbeiten usw.) zugrunde gelegt. > Kap. Fortschreiben der Kostenplanung, Arbeiten mit einer gewerkeorientierten Kostenermittlung in der Vergabephase

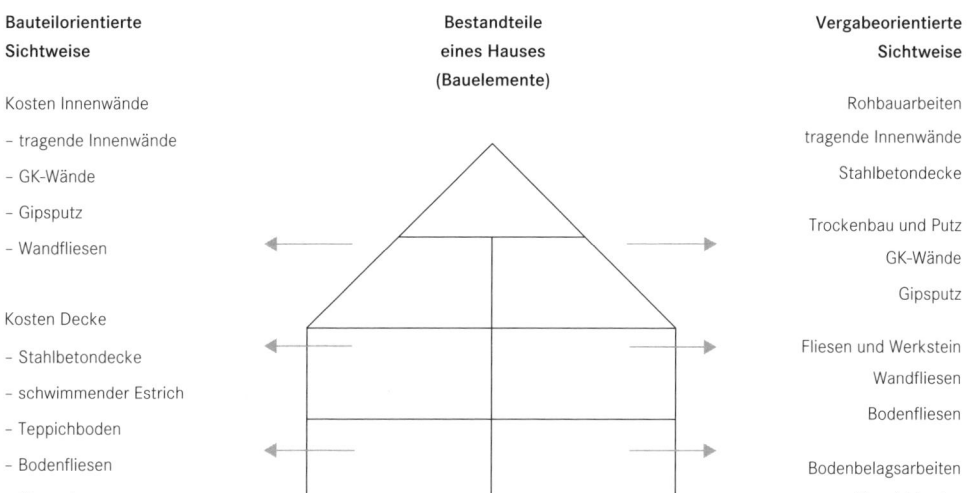

Abb. 6: Bauteil- und vergabeorientierte Sichtweise

KOSTENKENNWERTE

Die Berechnung von Baukosten erfolgt grundsätzlich nach dem Schema der Multiplikation von Massen oder Mengen mit einem Kostenkennwert und der Addition der ermittelten einzelnen Kostenelemente. Dabei sind verschiedene Arten von Kostenkennwerten zu unterscheiden:
— Volumen-/grundflächenbezogene Kostenkennwerte
— Kostenkennwerte zu Bauteilen/Grobelementen
  (Decke, Dach, Wand)
— Kostenkennwerte zu Bauelementen/Feinelementen
  (Deckenputz, Stahlbetondecke, Estrich, Bodenbelag)
— Einheitspreise/Angebotspreise (Abfrage von Angeboten
  oder bereits abgeschlossene Projekte)
— Unternehmerseitige Baukalkulation (Personalkosten,
  Materialkosten, Baustellengemeinkosten)

Volumen- bzw. grundflächenbezogene Kennwerte überschlagen die Gesamtkosten eines Bauwerks mit Hilfe einfach zu berechnender Kenngrößen eines Entwurfs. Hierzu werden die abgerechnete Gesamtsumme eines Gebäudes und entsprechende Kenngrößen wie

Volumen- bzw. grundflächenbezogene Kennwerte

— Bruttorauminhalt (BRI) als Volumen des Gebäudes,
— Bruttogrundflächen (BGF) als Summe aller Geschosse
  inkl. Konstruktionsflächen oder
— Nutzflächen (NF)

Abb. 7: Beispiel einer bauteilorientierten Kostengliederung nach deutscher DIN 276

100 Grundstück	110 Grundstückswert
	120 Grundstücksnebenkosten
	130 Freimachen
200 Herrichten und Erschließen	210 Herrichten
	220 Öffentliche Erschließung
	230 Nicht öffentliche Erschließung
	240 Ausgleichsabgaben
	250 Übergangsmaßnahmen
300 Bauwerk – Baukonstruktionen	310 Baugrube
	320 Gründung
	330 Außenwände
	340 Innenwände
	350 Decken
	360 Dächer
	370 Baukonstruktive Einbauten
	390 Sonstige Maßnahmen für Baukonstruktionen
400 Bauwerk – Technische Anlagen	410 Abwasser-, Wasser-, Gasanlagen
	420 Wärmeversorgungsanlagen
	430 Lufttechnische Anlagen
	440 Starkstromanlagen
	450 Fernmelde- und informationstechnische Anlagen
	460 Förderanlagen
	470 Nutzungsspezifische Anlagen
	480 Gebäudeautomation
	490 Sonstige Maßnahmen für technische Anlagen
500 Außenanlagen	510 Geländeflächen
	520 Befestigte Flächen
	530 Baukonstruktionen in Außenanlagen
	540 Technische Anlagen in Außenanlagen
	550 Einbauten in Außenanlagen
	560 Wasserflächen
	570 Pflanz- und Saatflächen
	590 Sonstige Außenanlagen
600 Ausstattungen und Kunstwerke	610 Ausstattung
	620 Kunstwerke

700 Baunebenkosten	710 Bauherrenaufgaben
	720 Vorbereitung der Objektplanung
	730 Architekten- und Ingenieurleistungen
	740 Gutachten und Beratung
	750 Künstlerische Leistungen
	760 Finanzierungskosten
	770 Allgemeine Baunebenkosten
	790 Sonstige Baunebenkosten

ermittelt. Ihre Division ergibt für zukünftige Projekte grobe Kennwerte pro Quadrat- oder Kubikmeter. Derartige Kennwerte werden gerne zu Beginn eines Projektes genutzt, solange noch keine präzisen Daten, Planunterlagen oder Qualitätsfestlegungen existieren.

Ein großes Problem bei der Nutzung von volumen-/grundflächenbezogenen Kennwerten ergibt sich aus der Tatsache, dass diese Kennwerte keinen Bezug zu den eigentlichen Kostenverursachern haben. > Abb. 8

Entsprechend genauer sind Kennwerte, die sich an den Kostenverursachern (Bauteilen, technischen Anlagen usw.) eines Gebäudes orientieren. Hierbei unterscheidet man bauteil- und bauelementbezogene Kennwerte. Die bauteilbezogenen Kennwerte (auch Grobelemente genannt) erfassen die Kosten eines kompletten Bauteils (Preis/m² Decke, Preis/m² Dach) und sind somit nach oberflächlicher Massenermittlung aller Bauteile recht einfach zu berechnen. Bauelementbezogene Kennwerte (auch Feinelemente genannt) hinterlegen jedes einzelne Bauelement (m² Bodenbelag, m² Estrich, m² Stahlbetondecke, m² Deckenputz, m² Deckenanstrich) mit einer ermittelten Masse und einem spezifischen Kostenkennwert. So lassen sich Baukosten weitaus präziser ermitteln als mit Grobelementen.

Bauelemente umfassen jedoch weiterhin sämtliche typischen Nebenbestandteile. So werden für den Bodenbelag in einen Preis/m² die Fußleisten, Anschlussschienen, Durchdringungen usw. und für eine

○ Kostenverursacher

○ Grob- und Bauelemente

● Inklusivpreis

○ **Hinweis:** Als Kostenverursacher wird ein Bauteil bezeichnet, dass bei der Herstellung Baukosten produziert. 1 m² Stahlbetondecke oder 1 m² Mauerwerkswand sind beispielsweise direkte Kostenverursacher, 1 m³ Hausvolumen oder 1 m² Nutzfläche erzeugen nur indirekt Kosten, weil diese anteilig verschiedene Kostenverursacher berücksichtigen. Es kommt daher zwangsläufig zu Umrechnungsproblemen.

● **Beispiel:** Der Preis für ein Grobelement Decke sagt zunächst nichts über die einzelnen Bauelemente der Decke aus. Es gibt jedoch deutliche Preisunterschiede hinsichtlich der Deckenkonstruktion (Holzbalken, Stahlbeton) oder der Bodenbeläge (Naturstein, Parkett, PVC-Beläge usw.). Bestehende Preise sind daher immer mit zusätzlichen Informationen zu hinterlegen und passen bei einem individuellen Projekt eventuell erst nach aufwendigeren Umrechnungen.

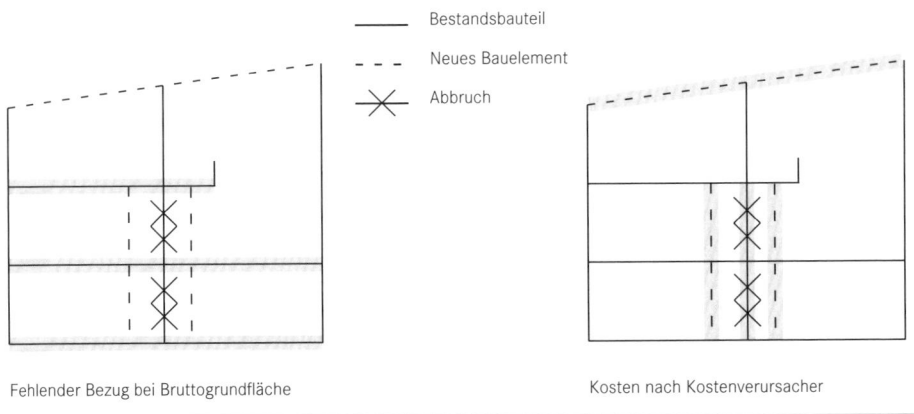

Abb. 8: Ungenauigkeiten bei der volumen-/grundflächenbezogenen Ermittlung von Baukosten

Trockenbauwand in einen Preis/m² die Türöffnungen, Wandenden, Verstärkungen, Anschlüsse usw. eingerechnet. Man bezeichnet diese Preise daher auch als Inklusivpreise. Wird der Inklusivpreis mit einem Leistungsverzeichnis verglichen, welches der anbietende Bauunternehmer bepreist, so sind alle Positionen und deren Einheitspreise, die z. B. einer Trockenbauwand zuzuordnen sind, im Inklusivpreis eingerechnet. > Abb. 9

Einheitspreis   Einheitspreise sind die unternehmerseitig angebotenen Abrechnungspreise pro einzelne Position in einer Ausschreibung. Der Einheitspreis bildet bei Abrechnungsverträgen nach exaktem Aufmaß (keine Pauschalverträge) die vertragliche Grundlage zwischen Bauherr und Bauunternehmer. Es ist auch möglich, vor der Vergabe die Kosten über Einheitspreise zu ermitteln. Dazu werden vorgezogene Ausschreibungen erstellt und mit statistisch ermittelten Einheitspreisen hinterlegt.

Baukalkulation   Die von einem Bauunternehmen angebotenen Einheitspreise werden wiederum auf Basis ihrer einzelnen Kostenbestandteile ermittelt. Betrachtet man die unternehmerseitige Kostenberechnung, so spricht man von einer Kalkulation. Die Kalkulation eines Angebotes für eine Bauleistung – ob es sich nun um einen pauschalen Preis oder viele Einheitspreise in einem Leistungsverzeichnis handelt – wird nach betriebswirtschaftlichen Grundsätzen der Kosten-/Leistungsrechnung durchgeführt. Daher wird direkt zwischen Kosten, die der angefragten Leistung zuzuordnen sind, und Kosten und Zuschlägen für Gemein- bzw. Geschäftskosten unterschieden. > Abb. 10

Einzelkosten der Teilleistung   Direkt zuzuordnende Kosten werden als Einzelkosten der Teilleistung (EKT) bezeichnet. Diese umfassen Lohnkosten, Material-/Stoffkosten, Geräte-/Maschinenkosten und eventuelle Fremdleistungskosten, welche sich beispielsweise einer Leistung zuordnen lassen, die in einer Position ausgeschrieben ist.

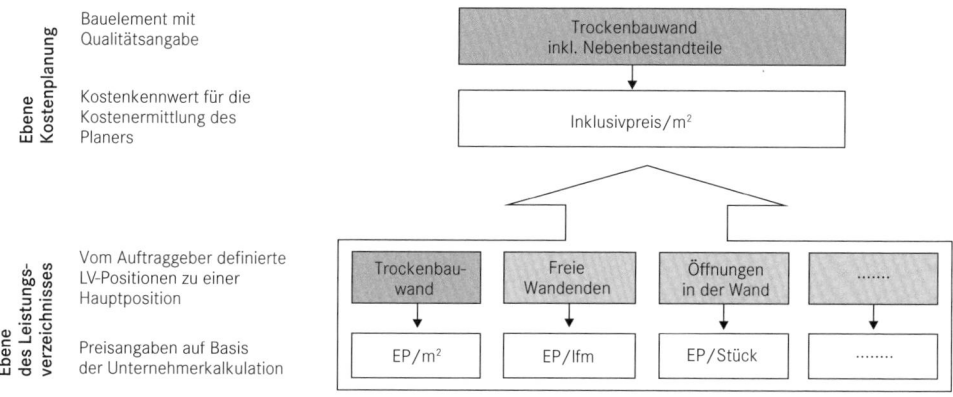

Abb. 9: Zusammenhang zwischen Bauelementen und Einheitspreisen eines Angebotes

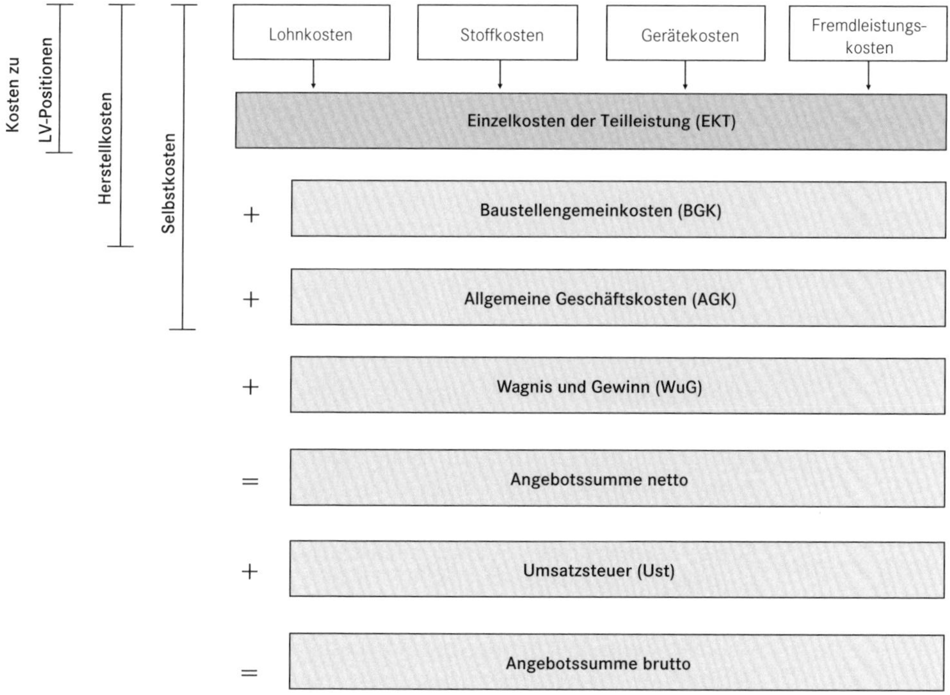

Abb. 10: Struktureller Aufbau einer unternehmerseitigen Kalkulation

Die anteiligen Lohnkosten eines Einheitspreises berechnen sich aus dem Mittellohn und dem zeitlichen Aufwand, der zur Herstellung beispielsweise eines Quadratmeters Fliesenbelag eingerechnet werden muss. Der Mittellohn umfasst neben dem eigentlichen Lohn der Mitarbeiter auch alle Sozialkosten und Lohnnebenkosten. Zur Berechnung werden alle im Jahr anfallenden Kosten für einen Mitarbeiter durch die Anzahl der effektiven Arbeitsstunden pro Jahr (abzüglich Urlaub, Krankheit, Fortbildung, Feiertagen usw.) geteilt.

Die anteiligen Material- bzw. Stoffkosten eines Einheitspreises umfassen etwa bei Fliesenarbeiten neben den Einkaufspreisen für das Material wie Fliesen, Fliesenkleber und Fugenmörtel auch Zuschläge für Bruch, Verschnitt usw. Des Weiteren werden Bauhilfsstoffe (z. B. Schalungen, Abstützungen) und Betriebsstoffe (z. B. Kraftstoff eines Baggers, Stromverbrauch einer Estrichmaschine) eingerechnet.

Gerätekosten bestehen aus der anteiligen Nutzung von Großgeräten wie Bagger, Kräne, Putz-/Estrichmaschinen, Betonpumpen usw. Unter Berücksichtigung von Abschreibungs- und Reparaturkosten werden die jeweils notwendigen Einsatzzeiten angerechnet.

Fremdleistungskosten sind alle Kosten, die durch Subunternehmer entstehen, wie Anmietungen (z. B. eines mobilen Krans oder einer Betonpumpe) oder Leistungen separater Unternehmen (z. B. Unterbeauftragung von Spachtelarbeiten eines Trockenbauers).

Gemein- und Geschäftskosten

Sind alle genannten Kosten, die direkt einer Position zuzuordnen sind, kalkuliert, so werden diese zu Einzelkosten der Teilleistung addiert. Ergänzend werden alle Positionen durch Zuschläge für weitere entstehende Kosten erhöht. Hierzu gehören Baustellengemeinkosten, Allgemeine Geschäftskosten und Zuschläge für Wagnis/Gewinn.

Baustellengemeinkosten (BGK) umfassen alle nicht direkt der Bauleistung zuzuordnenden Kosten, die jedoch ebenfalls im Rahmen der Baustelle anfallen. Hierzu gehören z. B. Unterkunftskosten, Baustellensicherung, Kosten der unternehmerseitigen Bauleitung usw.

Allgemeine Geschäftskosten (AGK) sind die nicht operativen Betriebskosten des Bauunternehmens, welche anteilig über alle Baustellen gedeckt werden müssen. Hierzu gehören Büromiete/-unterhaltung, Gehaltskosten der Geschäftsführung, Unterhaltung/Überwachung eines Bauhofs, Rechts- und Steuerberatungskosten usw.

Wagnis und Gewinn (WuG) sind schlussendlich über die bisherigen Selbstkosten hinaus das unternehmerische Ergebnis, welches das Bauunternehmen erzielen möchte.

Allgemein lassen sich so verschiedene Detaillierungsebenen von den volumen-/grundflächenbezogenen Kostenkennwerten bis hin zu detaillierten betriebswirtschaftlichen Kostenelementen in der unternehmerseitigen Kalkulation abstufen. Je nach Methodik der Kostenermittlung werden entsprechende Kennwerte zugrunde gelegt. > Kap. Methoden der Kostenermittlung

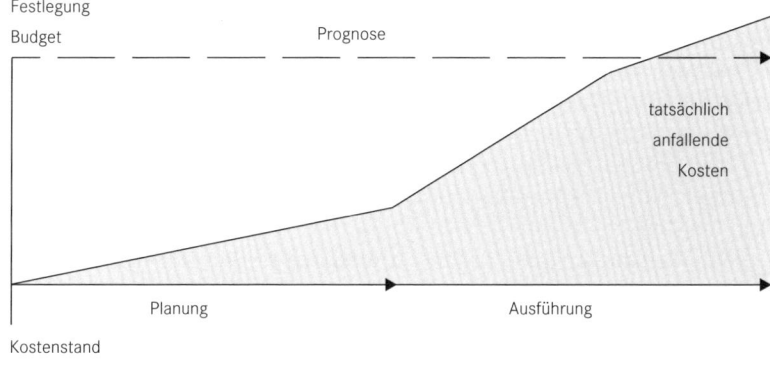

Abb. 11: Prinzip der Kostenprognose

PRINZIP DER KOSTENPROGNOSE

Der Zeitpunkt, zu dem die Kosten ermittelt werden, wird Kostenstand genannt. Teilweise liegen zwischen dem Kostenstand in den frühen Planungsphasen und der Vergabe der Bauleistung oder der finalen Kostenfeststellung der abgerechneten Bauleistungen einige Jahre. Es ist aber schwierig, zukünftige Marktpreisentwicklungen vorauszusehen und diese in die Kostenermittlung einzubeziehen.

Die Kostenermittlung kann also eigentlich nur auf den zum Zeitpunkt der Erstellung geltenden Rahmenbedingungen basieren, da zukünftige Entwicklungen spekulativ sind. Für den Bauherrn ist jedoch wesentlich, wie viel Geld er am Ende für ein Projekt zu zahlen hat.

Um diese Differenz zu reduzieren, bieten sich folgende Möglichkeiten an:

1. Mögliche Variablen in der zukünftigen Kostenentwicklung bewerten und einschätzen. > Kap. Grundlagen der Kostenplanung, Kosteneinflüsse
2. Möglichst realistische Risikountersuchungen durchführen.
   > Kap. Grundlagen der Kostenplanung, Bewertung von Kostenrisiken
3. Kostenermittlung nicht statisch sehen, sondern über den gesamten Prozess fortschreiben und immer wieder an aktuelle Entwicklungen anpassen. > Kap. Fortschreiben der Kostenplanung

KOSTENEINFLÜSSE

Um zielgerichtet und realitätsnah Baukosten zu ermitteln, ist es nicht nur erforderlich, die Kostenermittlung durchzuführen, sondern vor allem auch, den Zusammenhang von Planungsqualitäten und Kosten zu verstehen. Für alle unter „Kostenkennwerte" vorgestellten Ebenen sind mit Hilfe von statistischen Erfassungen, Online-Plattformen oder

Buchveröffentlichungen Vorgaben verfügbar. Die Adaption auf das jeweilige Projekt kann aber nur durch den bearbeitenden Architekten erfolgen.

Gerade bei Kennwerten, die nicht direkt an Kostenverursacher anknüpfen, sind allgemeine Einflussfaktoren zu berücksichtigen, die das Referenzprojekt möglicherweise vom eigenen unterscheiden. > Abb. 12

Größe und Umfeld Die Größe eines Projektes ist für die Kosten pro Quadratmeter sehr relevant, da kleine Projekte proportional oft mit höherem Aufwand verbunden sind.

Handelt es sich um schwierige Grundstücke wie beispielsweise eine vollständig zu bebauende Innenstadtlage, so wird die Baustellenorganisation extrem schwierig und kostspielig, da vielleicht externe Flächen angemietet und Straßenräume gegen Gebühr gesperrt werden müssen. Sollte das Grundstück an keiner erschlossenen Straße liegen (z. B. bei einem Forschungsobservatorium auf einem hohen Bergmassiv), sind ● erhebliche Kosten für die Baustellenzufahrt zu kalkulieren.

Funktion und Komplexität Es ist selbstverständlich, dass sich verschiedene Funktionen wie Wohnungen, Büronutzung, Lagerhallen oder Labore nicht über volumen- bzw. grundflächenbezogene Kennwerte vergleichen lassen, weil der Installationsgrad und die Komplexität der Projekte sehr unterschiedlich ausfallen können. Gerade bei Projekten mit hohem haustechnischen Installationsgrad sind die Baukosten von den technischen Anlagen abhängig. Bei volumen-/grundflächenbezogenen Kennwerten ist daher immer eine ähnliche Funktion als Vergleichsobjekt heranzuziehen.

Projekte im Bestand Bei Bestandsgebäuden, welche umgebaut oder saniert werden sollen, sind gegenüber dem Neubau erhebliche Mehrkosten zu berücksichtigen. Gerade im Bereich der Denkmalpflege werden oft individuelle Nacharbeiten und Anpassungsarbeiten mit hohem Personalaufwand notwendig. Viele Bauunternehmen kalkulieren allein aufgrund der Tatsache, dass es sich um ein Bestandsgebäude handelt, mit höheren Aufwandswerten. Die Erfahrung lehrt, dass sich aufgrund von vielfältigen Problemen und Besonderheiten die gleiche Effizienz wie im Neubau im Bestand nicht erreichen lässt.

> ● **Beispiel:** Berücksichtigt man den Aufwand der Baustelleneinrichtung und -räumung bei einer Estrichverlegung, so ist dieser unabhängig davon, ob ein mittelgroßes Haus oder lediglich ein Raum verlegt werden soll, gleich groß. Auf den Quadratmeterpreis des Estrichs gerechnet, sind die anteiligen Baustellengemeinkosten bei einem sehr kleinen Projekt daher deutlich höher.

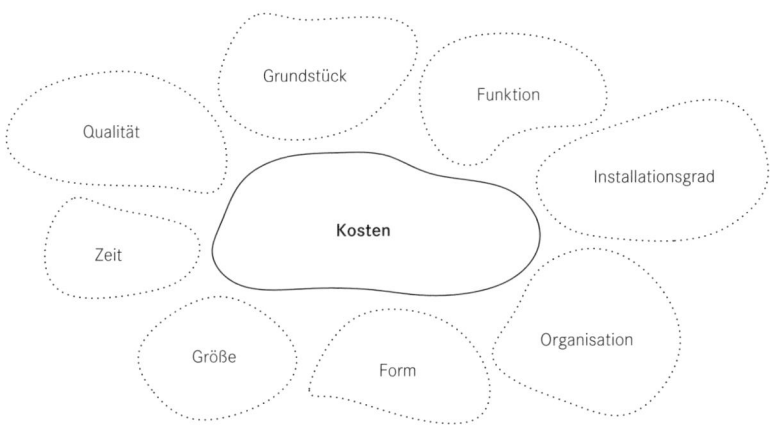

Abb. 12: Einflussfaktoren auf Baukosten

Wenn Baumaßnahmen besonders schnell oder mit zahlreichen Unterbrechungen durchgeführt werden sollen, kann auch die Bauzeit eines Projektes eine große Rolle spielen. Kann der Bauunternehmer aufgrund von notwendigen Ruhephasen in weiterhin genutzten Bestandsprojekten seine Mitarbeiter nur in kurzen Abschnitten einsetzen, muss er die Lohnkosten auch für die unproduktiven Zwischenzeiten einkalkulieren. Bei sehr kurzen Ausführungszeiten sind entsprechend zusätzliche Personal- und Maschinenkosten zu kalkulieren. Auch die Vorhaltung der Baustelleneinrichtung kann ein entscheidender Faktor für die Gesamtkosten sein, zumal diese Kosten sich nicht im physischen Endergebnis – der Bausubstanz – widerspiegeln."Bauzeit"

Die Qualität der Architektur und der eingesetzten Materialien ist ebenfalls von großer Bedeutung. Insbesondere bei Produkten, die industriell in großen Stückzahlen maschinell hergestellt werden, sind wesentliche Kostenersparnisse gegenüber handwerklich gefertigten Bauteilen zu erzielen. Im Luxussegment steigen bei exklusiven Küchen, Sanitärgegenständen, Fliesen, Fassaden usw. die Materialpreise teilweise exponentiell. Bei individuell entworfenen und hergestellten Bauteilen sind womöglich neben der handwerklichen Fertigung weitere Kosten durch Einzelzulassungen, technische Gutachten usw. zu berücksichtigen, etwa bei besonderen Fassadenkonstruktionen oder Fenstern. "Qualitäten"

Generell ist die Frage zu berücksichtigen, inwieweit ein Bauelement in der Herstellung sehr arbeitsintensiv und der Preis durch Lohnkosten dominiert ist. Auch Lieferzeiten, die Montage und eventuell hohe Materialpreise sind Faktoren, die sich auf die Kosten auswirken. Gerade in Ländern mit hohem Lohnniveau werden anstelle von handwerklichen "Lohn-/Materialkosten"

Arbeiten und der Verarbeitung von Rohmaterialien auf der Baustelle eher industrielle Vorfertigungen und einfache Lieferung und Montage vor Ort bevorzugt.

Handelt es sich bei dem zu berechnenden Bauteil um ein arbeitsintensives Bauelement, können Lohnkostensteigerungen im Planungs- und Bauprozess relevant werden. Neben tariflichen Veränderungen der Lohnkosten ist auch die Entwicklung der Lohnnebenkosten zu beachten. Einige Materialien unterliegen zudem hohen Schwankungsbreiten hinsichtlich der Rohstoffkosten. Gerade Metallpreise (z. B. für Stahlträger, Bewehrungen oder Elektrokabel) sind sehr stark abhängig von der weltweiten Nachfrage, insbesondere aus China, Indien und weiteren großen, sich rasch entwickelnden Märkten.

● Marktpreise/Konjunktur

Konjunkturell zu beachten sind jedoch nicht nur der Welthandel und die internationalen Rohstoffpreise, sondern auch regionale oder lokale Marktentwicklungen. Geht es der Baubranche gut und die Auftragsbücher der bietenden Bauunternehmen sind gefüllt, werden erheblich höhere Preise angeboten als in Zeiten der Unterbeschäftigung, wenn jedes Bauunternehmen dringend Aufträge erhalten muss. Teilweise schwanken Marktpreise zwischen Rezessions- und Wachstumsphasen bis zu 20–30 %.

BEWERTUNG VON KOSTENRISIKEN

Die bisherigen Erläuterungen machen deutlich, dass eine Risikoeinschätzung der Baukosten sinnvoll oder sogar notwendig ist. Der Begriff des „Risikos" ist zunächst nicht als negative Auswirkung zu verstehen. Vielmehr beziffert ein Risiko im Gegensatz zur „Sicherheit" zunächst die Unkenntnis einer Sachlage bzw. eine Ungewissheit, ob ein Ereignis eintreten wird.

Risiken lassen sich generell nicht ausschließen, sondern nur eingrenzen oder minimieren. Die hierzu erforderlichen Aufwendungen (z. B. vorgezogene Baugrund- oder Kontaminationsuntersuchungen) werden als Sorgfaltskosten bezeichnet. So ist abzuwägen, wie viel Kosten zur Eingrenzung möglicher Schadensauswirkungen innerhalb des Projektrahmens sinnvoll sind. > Abb. 13

> ● **Beispiel:** Wurden noch vor einigen Jahrzehnten Dachstühle auf der Baustelle aus Rohbalken gezimmert, so werden heute auf Basis von CAD-Zeichnungen alle notwendigen Pfetten und Sparren mit Abbundmaschinen montagefertig im Werk hergestellt. Die teils hochpreisigen Maschinen sind gegenüber einer handwerklichen Herstellung erheblich kosteneffizienter.

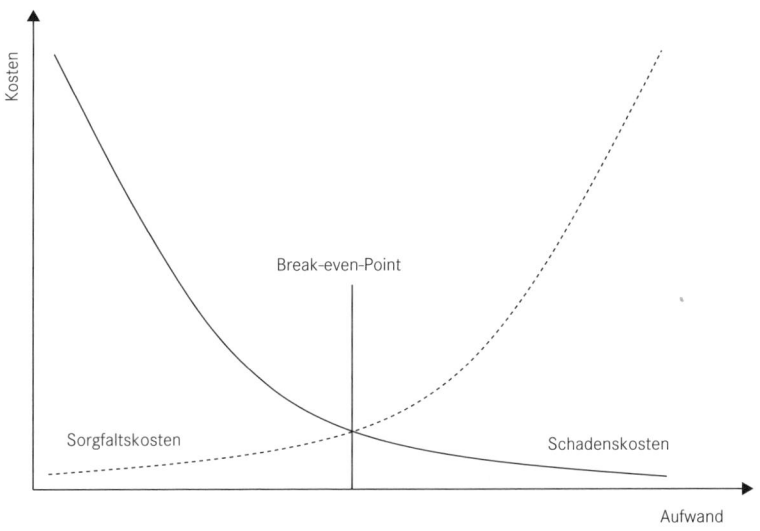

Abb. 13: Zusammenhang von Schadens- und Sorgfaltskosten

Risiken im engeren Sinne werden grundsätzlich auf ihre Eintrittswahrscheinlichkeit und Schadensauswirkung untersucht. Gerade Risiken, die sowohl eine hohe Schadensauswirkung mit fatalen Folgen und eine hohe Eintrittswahrscheinlichkeit besitzen, müssen vorab eingegrenzt werden. Die Abstufung der Betrachtungs- und Sorgfaltsgrenzen sind bei jedem Projekt individuell festzulegen. Um die Risikominimierung auf ein tolerierbares und vor allem finanzierbares Maß zu beschränken, kann z. B. eine Risikobewertung nach der ALARP-Methode (As Low As Reasonably Practicable) hilfreich sein. > Abb. 14

Kostenrisiken lassen sich je nach Herkunft verschiedenen Risikobereichen zuordnen. Allgemein können wie bereits beschrieben Marktrisiken wie Konjunkturschwankungen zu erheblichen Budgetveränderungen führen. Betriebliche Risiken wie Streiks oder Insolvenzen sind ebenfalls ein hoher Unsicherheitsfaktor für den Projekterfolg.

Darüber hinaus sind Baugrundrisiken zu berücksichtigen. Hohe Grundwasserstände können beispielsweise zu aufwendigen Abdichtungsmaßnahmen im Keller und zu temporären Grundwasserabsenkungen in der Bauphase führen. Stellt sich der Baugrund in dieser Zeit als nicht tragfähig dar, müssen meist komplizierte und sehr kostenintensive Kompensationsmaßnahmen (Pfahlgründungen, Bodenverbesserungen, Verankerungen, Lastverteilplatten usw.) ergriffen werden.

Schadensauswirkung und Eintrittswahrscheinlichkeit

Markt- und Betriebsrisiko

Baugrundrisiko

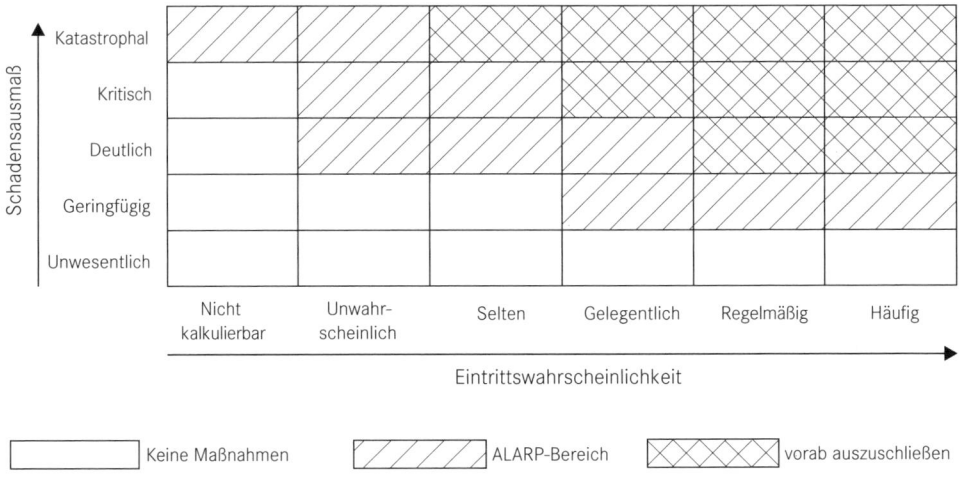

Abb. 14: Risikografik nach der ALARP-Methode

Bestandsrisiko Gerade bei Projekten im Bestand sind aufgrund der Bausubstanz besondere Bestandsrisiken zu beachten. Einige der wichtigsten sind im Folgenden aufgeführt:
— Kontaminationen (Asbest, PCB, PAK, KMF, Holzschutzmittel usw.)
— Nicht mehr gewährleistete Statik (Nachweise nicht mehr gegeben, Korrosion, unsachgemäße Eingriffe usw.)
— Datenlage (fehlende Planungsunterlagen/Baugenehmigung für das Projekt, nicht verzeichnete Umbauten, Bestandsgeometrien usw.)
— Bauteilschäden (Durchfeuchtung, Schimmelbildung, Risse usw.)
— Wegfall des Bestandsschutzes (Anpassung an aktuelle Vorschriften notwendig)
— Haustechnik (marode Grundleitungen, fehlende Ersatzteile, Anpassung an aktuelle Vorschriften usw.)
— Brandschutzanforderungen (Ertüchtigung, Ausgleichsmaßnahmen, Nachrüsten usw.)

Diese Aufzählung verdeutlicht die Notwendigkeit, zu Beginn eines Projektes eine sorgfältige Analyse des Baugrundes und gegebenenfalls des Bestandsgebäudes durchzuführen, um diese meist projektgefährdenden Risiken einzudämmen.

Risiken in der Kostenermittlung Große Unsicherheiten hinsichtlich der Kosteneinhaltung entstehen häufig auch aus einer zu frühen und auf zu wenigen Daten basierenden Festlegung des Projektbudgets. Schwankungsbreiten aus den flächen- bzw. volumenbezogenen Kennwerten sind aufgrund des fehlenden Bezugs zu Kostenverursachern bereits beschrieben, hinzu kommen zu

Projektbeginn häufig ungenaue Qualitätsbeschreibungen wie „mittlere Qualität", welche einen großen Interpretationsspielraum lassen.

Eine wesentliche Grundlage zur Bewertung von Kostenrisiken ist zunächst die Erfassung möglicher Risikofelder. Auf der einen Seite können durch frühzeitige Analysen und Gutachten Unsicherheiten reduziert werden, final ausschließen lassen sich Risiken aber immer erst mit Fertigstellung und Schlussrechnung. Mögliche Risikofelder müssen also von Beginn an erfasst, hinsichtlich ihrer Schadensauswirkung und Eintrittswahrscheinlichkeit bewertet und im laufenden Prozess beobachtet und fortgeschrieben werden, um ein vollständiges Risikomanagement zu gewährleisten. Da dies einen nicht unerheblichen Aufwand darstellt, ist projektbezogen zu prüfen und abzustimmen, welcher Detaillierungs- und Bewertungsgrad zugrunde zu legen ist.

Methoden zur Risikobewertung

Meist werden nur aus einigen wenigen Gefahren während des Planungs- und Bauprozesses auch Schäden, sodass es wenig hilft, mögliche Risikokosten einfach zu addieren. Das Risikobudget kann jedoch mit Hilfe verschiedener mathematischer Verfahren ermittelt werden. Es ist stark abhängig von dem Risikobewusstsein des Auftraggebers. Eine Möglichkeit besteht darin, die Risiken unter Nutzung folgender Formel zu erfassen:

Eine typische Vorgehensweise zum Umgang mit Kostenrisiken ist das Einkalkulieren eines Risikopuffers. Dieser kann als Kostenposition mit in die Kostenermittlung aufgenommen oder als mögliche Qualitätsreduktion optional eingeplant werden. > Abb. 16

Risikopuffer

$$\text{Risikobudget} = \sqrt{K_{\text{Risiko 1}}^2 + K_{\text{Risiko 2}}^2 + K_{\text{Risiko 3}}^2 + \ldots}$$

Abb. 15: Beispiel einer Risikobewertung

Risiko	Kosten	Auswirkung/ Konsequenz	Prozentuales Risiko	Risikokosten
Baugenehmigung wird nicht erteilt	70 000 EUR	Projektende – bisherige Planungskosten fallen an	30 %	21 000 EUR
Baugrund ist nicht tragfähig	40 000 EUR	Es muss eine Bodenverbesserung erfolgen	25 %	10 000 EUR
Steigerung des Stahlpreises	80 000 EUR	Angebotspreise müssen angepasst werden	10 %	8 000 EUR
Insolvenz des Rohbauunternehmers	250 000 EUR	Mehrpreis durch Verzögerung und neues Unternehmen	3 %	7 500 EUR
...	...	...	...	...

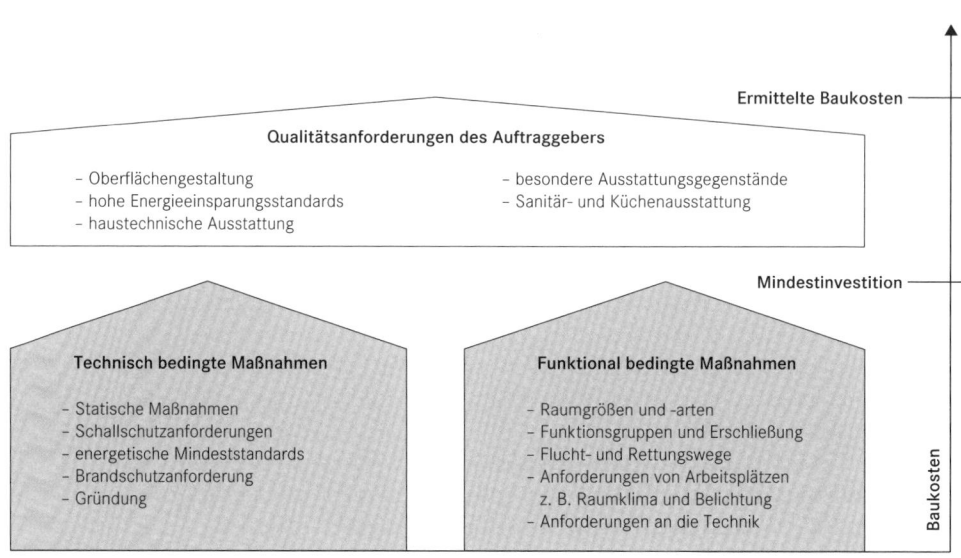

Abb. 16: Abpufferung von Kostenschwankungen

Bei diesem Vorgang werden Module identifiziert, welche im Falle eines Risikoeintritts zur Abpufferung herangezogen werden können. In der Regel werden hierzu im späteren Projektverlauf vergebene Ausbauqualitäten wie Bodenbeläge, Außenanlagen usw. genutzt. Wesentliche Grundvoraussetzungen dieser Methode sind:

— das Einverständnis des Bauherrn
— die Kostenrelevanz der gewählten Bauelemente (bei einem Projekt von 20 Mio. Euro stellt etwa die Qualität der WC-Trennwände nur einen sehr kleinen Puffer dar)
— die noch nicht erfolgte Vergabe der Leistung (werden Teile eines bereits geschlossenen Bauvertrags gekündigt, sind trotzdem weitere Aufwendungen an das Bauunternehmen zu zahlen)

Unvorhergesehene Kosten können beispielsweise durch abschnittsweises Bauen, das Festlegen optionaler Ausbaustufen (z. B. Ausbau des Dachgeschosses), das Offenhalten von Alternativen bei großen Kostenverursachern (PVC-Fußboden statt Granitboden) oder die Möglichkeit von Eigenleistungen (Malerarbeiten im Keller, Schlussreinigung usw.) aufgefangen werden. Das Einsparpotenzial dieser Puffer muss berechnet und mit einem finalen Datum, bis wann die jeweilige Option im Prozess frei verfügbar ist, versehen werden. > Abb. 17

Abb. 17: Beispiel einer modularen Risikoabpufferung

Kostenmodul	Gesamtkosten des Moduls	Einsparungs- potenzial	Verfügbar bis Vergabetermin
Anbau von zwei Garagen, ggf. Carport	18 000 EUR	15 000 EUR	März 2014
Ausbau Dachgeschoss, ggf. nur Dämmung Deckenplatte	30 000 EUR	25 000 EUR	Juli 2014
Werksteinbeläge, ggf. Linoleum	25 000 EUR	12 000 EUR	August 2014
Außenanlagen, ggf. einfach Grünflächen	50 000 EUR	20 000 EUR	November 2014

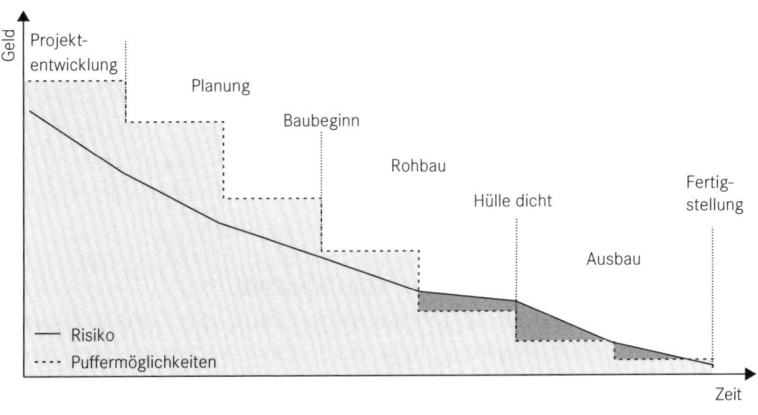

Abb. 18: Gegenüberstellung von Risiken und Puffern

Auf diese Weise können auf der einen Seite Risiken und deren finanzielle Auswirkungen, auf der anderen Seite Risikopuffer und deren Einsparpotenzial gegenübergestellt und auf einer Zeitschiene in Bezug gebracht werden. Mögliche Deckungslücken lassen sich so darstellen.
> Abb. 18

Methoden der Kostenermittlung

Es gibt verschiedene Methoden, eine Kostenermittlung durchzuführen. Die Wahl hängt von der jeweiligen Projektphase bzw. der Planungstiefe ab. Grundsätzlich werden bei der Kostenermittlung immer Kostenkennwerte mit einer Mengeneinheit multipliziert, um eine Aussage bezüglich der zu erwartenden Kosten machen zu können. > Kap. Grundlagen der Kostenplanung, Kostenkennwerte Je mehr Festlegungen es beispielsweise zu Qualitäten von Wand- und Bodenoberflächen oder zu haustechnischen Standards gibt, desto genauer können diese in der Kostenermittlung berücksichtigt werden. Zu Projektbeginn gibt es in der Regel nur wenige Festlegungen und Informationen, da diese in Abstimmung mit dem Bauherrn oder verschiedenen Fachplanern im Laufe der Planung noch festgelegt werden müssen. Zu Projektbeginn steht jedoch meist schon der Raumbedarf fest, der sich aus der Nutzung selbst oder aus dem vorgegebenen Raumprogramm ergibt. Daraus lassen sich entsprechende Rauminhalte und Grundflächen ableiten und Kosten berechnen. Je mehr Details der Ausführung feststehen, desto detaillierter sollte auch die Ermittlung der Kosten durchgeführt werden. Nachfolgend werden die unterschiedlichen Methoden der Kostenermittlung und deren Anwendbarkeit in verschiedenen Projektphasen beschrieben.

KOSTENERMITTLUNG MIT HILFE VON RAUMINHALTEN

Eine Möglichkeit der Kostenermittlung in einer sehr frühen Projektphase besteht darin, den Rauminhalt der Gebäudekubatur zu berechnen und mit einem Kostenkennwert zu multiplizieren.

Der Rauminhalt ergibt sich aus der Grundfläche des Gebäudes und der Gebäudehöhe, von der Gründung der Bodenplatte bis zur Oberkante der Dachhaut. In Deutschland ist die Berechnung des Rauminhalts in der DIN 277 genau definiert und wird hier als Bruttorauminhalt (BRI) bezeichnet. Die Kostenkennwerte können über nationale Baukosteninformationsdienste (> Anhang, Literatur) bezogen werden, die diese nach Projektart, Ausstattungsstandard und Nutzungsart statistisch erfassen und auswerten. > Abb. 20 Kostenkennwerte können auch selbst ermittelt werden, sofern eine größere Zahl von Projekten gleicher Nutzungsart, ähnlicher Größe und Ausstattungsstandards geplant, ausgeführt und abgerechnet worden sind. Hierbei werden die Baukosten nach Projektende abschließend ermittelt und auf den Rauminhalt des Gebäudes als grobe Bezugseinheit zurückgerechnet. Grundsätzlich muss immer darauf geachtet werden, dass es einheitliche Bezüge der Kostenkennwerte und Mengen gibt. Die über die Kubatur des Gebäudes ermittelten Baukosten bleiben immer sehr ungenau, da nur grobe Annahmen zu Qualitäten und

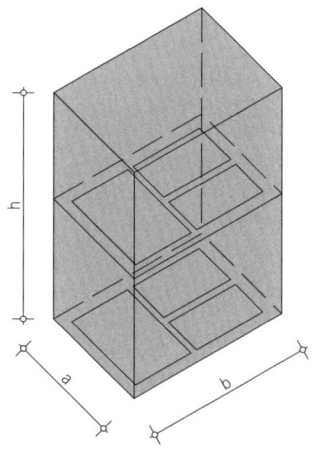

Abb. 19: Berechnung des Bruttorauminhalts

zum Teil auch zu Quantitäten zugrunde gelegt werden können und ein konkreter Gebäudeentwurf unter Umständen noch nicht vorliegt. Zudem fehlt die direkte Verknüpfung mit den Kostenverursachern. > Kap. Grundlagen der Kostenplanung, Kostenkennwerte Die Ermittlung der zu erwartenden Baukosten über den Bruttorauminhalt ist somit lediglich ein Planungsinstrument, um das Bausoll hinsichtlich Quantität und Qualität zu definieren.

Steht der notwendige BRI eines Bauprojekts bereits fest, lässt sich anhand projektspezifischer Kostenkennwerte die grundsätzliche Durchführbarkeit bzw. Finanzierbarkeit überprüfen. Nach dem Minimalprinzip (> Kap. Grundlagen der Kostenplanung, Begriffe und Strukturen) werden hierbei Quantitäten durch den BRI und Qualitäten durch die Wahl des projektspezifischen Kostenkennwerts vorgegeben. Nach dem Maximalprinzip kann der Bauherr dagegen eine bestimmte Baukostensumme als Zielkostenvorgabe nennen. Auf dieser Basis können dann die maximal erzielbare Gebäudegröße und bestmögliche Qualitäten und Ausstattungsmerkmale für die feststehenden Kosten bestimmt werden. Die unterschiedlichen Verfahren werden nachfolgend anhand von drei Beispielen erläutert, wobei besonders auf typische Unwägbarkeiten hingewiesen wird.

Ein Investor möchte ein neues Bürogebäude errichten. Der Bruttorauminhalt ist durch die maximale Bebaubarkeit des Grundstücks mit 3.000 m³ vorgegeben. Der Investor macht dem Architekten grobe Angaben zum gewünschten Ausstattungsstandard und zur Materialität des

Beispiel 1: Vorgabe des Bruttorauminhalts

Abb. 20: Kostenkennwerte für Büro- und Verwaltungsgebäude mittleren Standards

Büro- und Verwaltungsgebäude, mittlerer Standard
Kostenkennwerte für Baukonstruktionen und technische Anlagen
15 Vergleichsobjekte von 30, siehe Objektnachweis
BRI von 2200 m³ bis 29 000 m³, BGF von 780 m² bis 9500 m², NF von 580 m² bis 7500 m²

Bezugseinheit	Unterer Wert	Mittlerer Wert	Oberer Wert
BRI	300 EUR/m³	375 EUR/m³	475 EUR/m³
BGF	1250 EUR/m²	1500 EUR/m²	1750 EUR/m²
NF	2000 EUR/m²	2500 EUR/m²	3000 EUR/m²

Gebäudes. Da noch keine konkrete Planung zu dem Bürogebäude besteht, kann der Architekt eine Kostenermittlung nur anhand der Vorgaben des Investors durchführen. Da keine eigenen Kostenkennwerte zu ähnlichen Gebäuden vorliegen, sucht der Architekt ein Vergleichsobjekt bei einem Baukosteninformationsdienst, welches seinen gestalterischen Vorstellungen und den Vorgaben am nächsten kommt. > Abb. 20

In der Regel sind gewisse Preisspannen (von – bis) der Kostenkennwerte angegeben. Bei nicht weiter definierten Angaben zum Gebäude ist anzuraten, zunächst den mittleren Kostenkennwert anzusetzen und den Bauherrn auf die Schwankungsbreiten mit Zu- und Abschlägen hinzuweisen.

Die zu erwartenden Baukosten werden dementsprechend zunächst wie folgt geschätzt:

Bruttorauminhalt × Kostenkennwert =
zu erwartende Baukosten
3000 m³ × 375 EUR/m³ = 1 125 000 EUR

Die angegebenen Kostenkennwerte lagen jedoch tatsächlich zwischen 300 EUR/m³ und 475 EUR/m³. Die Schwankungsbreite der geschätzten Baukosten bewegt sich also zwischen 225 000 EUR nach unten und 200 000 EUR nach oben.

Beispiel 2: Vorgabe der Baukosten

Ein Investor gibt ein festes Volumen von 800 000 EUR für den Neubau eines Bürogebäudes vor. Da er das Gebäude später vermieten will, möchte er vom Architekten Informationen zur maximal erzielbaren Fläche erhalten. Über die Festlegung des Standards können analog zu Beispiel 1 Kostenkennwerte recherchiert und somit auch Aussagen über den realisierbaren BRI getätigt werden. Die nachfolgende Rechnung stellt keine Kostenermittlung im eigentlichen Sinne dar, ist aber ein wichtiges Planungsinstrument in der frühen Projektphase.

Der realisierbare BRI des Bürogebäudes wird wie folgt geschätzt:

Feststehende Investitionssumme:
Kostenkennwert = möglicher BRI
800 000 EUR : 375 EUR/m³ = ca. 2133 m³

Aufgrund der Kostenkennwerte, die von 300 EUR/m³ bis 475 EUR/m³ reichen > Abb. 20, sollte der Architekt den Investor bezüglich entsprechender Konsequenzen auf den realisierbaren Bruttorauminhalt hinweisen. Die Schwankungsbreite des geschätzten Bruttorauminhalts bewegt sich also zwischen ca. 2666 m³ und 1684 m³.

Es ist nicht unüblich, dass der Bauherr dem Architekten sowohl den gewünschten Bruttorauminhalt als auch ein festes Budget für die Baukosten vorgibt. Unter diesen Voraussetzungen kann durch eine Division der Zielkosten durch den gewünschten Bruttorauminhalt ein Kostenkennwert berechnet werden, der Aufschlüsse auf die erzielbaren Qualitäten bzw. die Realisierbarkeit des Projekts gibt.

Beispiel 3: Vorgabe des Bruttorauminhalts und der Baukosten

Der Bauherr möchte ein Bürogebäude mit 3500 m³ Bruttorauminhalt für 800 000 EUR bauen. Durch folgende Gleichung kann der projektspezifische Kostenkennwert berechnet werden:

Feststehende Investitionssumme:
Bruttorauminhalt = Kostenkennwert
800 000 EUR : 3500 m³ = ca. 228 EUR/m³

Der Architekt muss nun den errechneten Kostenkennwert anderen Vergleichsobjekten gegenüberstellen, um zu überprüfen, ob die Vorstellungen des Bauherrn überhaupt realisierbar sind. Der unterste Kostenkennwert für vergleichbare Bürogebäude liegt bei 300 EUR/m³ Bruttorauminhalt. > Abb. 20 Liegt der errechnete Kostenkennwert innerhalb der Schwankungsbreiten der Vergleichsobjekte, ist das Bauprojekt grundsätzlich in der gewünschten Form realisierbar. Sollte der errechnete Wert wie in der Beispielsrechnung deutlich unterhalb der Vergleichsobjekte

○ **Hinweis:** Ist der realisierbare BRI bekannt, kann mit Hilfe der Umrechnungsfaktoren für die Geschosshöhen (inklusive Boden- und Deckenaufbauten) die Bruttogrundfläche errechnet und als Planungsvorgabe in den Vorentwurf des Gebäudes übernommen werden. Eine weitere Umrechnung auf die Nettogrundflächen des Gebäudes und Abzüge notwendiger Nebenflächen ermöglicht auch eine Aussage über die realisierbare vermietbare Fläche, ohne dass ein konkreter Gebäudeentwurf vorliegt.

liegen, sind die Ziele des Bauherrn in Frage zu stellen. Der Architekt kann in diesem Fall gemeinsam mit dem Bauherrn abwägen, ob die Einhaltung der Zielkosten oder aber die Einhaltung des gewünschten Bruttorauminhalts verfolgt wird, da das Projekt in der gewünschten Größe nicht im Rahmen der Zielkosten realisierbar scheint. Soll der gewünschte Bruttorauminhalt weiterhin erreicht werden, müssen zwangsläufig die Zielkosten nach oben korrigiert werden. Ist der Bauherr bereit, das Projekt zu verkleinern, kann der Architekt analog zu Beispiel 1 den erzielbaren Bruttorauminhalt mit Hilfe eines realistischen Kostenkennwerts berechnen.

<small>Vor- und Nachteile der Kostenermittlung durch den BRI</small>

Die Berechnung von Baukosten mit Hilfe des Rauminhalts stellt, wie in den Beispielen gezeigt, ein sehr flexibles Planungsinstrument für frühe Projektphasen ohne konkreten Gebäudeentwurf dar. Die Ergebnisse sind jedoch immer kritisch zu betrachten, und es sollte unbedingt auf die systembedingten Schwankungsbreiten hingewiesen werden.

Typische Unwägbarkeiten dieser Methode sind: Vorgaben beteiligter Fachplaner oder von Behörden können die Kosten im weiteren Projektverlauf stark beeinflussen und sind zu Projektbeginn nicht immer absehbar. Neben den Schwankungsbreiten der Kostenkennwerte und unklaren Definitionen der gewünschten Qualitäten des Ausbaustandards kann die Änderung der angenommenen Geschosshöhen einen großen Einfluss auf die ermittelten Baukosten haben. Veränderte Aufbauhöhen von Decken oder Böden können sich erheblich auf den Bruttorauminhalt auswirken. Je nachdem, wie hoch der technische Installationsgrad eines Gebäudes ist (BUS-System, Lüftungsanlagen usw.), können zusätzliche Installationsebenen wie Doppelboden und abgehängte Decken erforderlich werden. Bei einer geplanten lichten Raumhöhe von 3,00 m kann die notwendige Geschosshöhe somit leicht zwischen 3,40 m und 4,50 m variieren. Ohne Mitwirken eines Fachplaners, der eine Dimensionierung der Installationsebenen vornimmt, kann in den frühen Projektphasen die tatsächliche Geschoss- und somit Gebäudehöhe nicht abschließend geklärt werden. Diese hat aber einen erheblichen Einfluss auf die Baukosten.

Andererseits muss eine Vergrößerung des Bruttorauminhalts nicht zwangsläufig mit einer drastischen Kostenerhöhung einhergehen.

○ **Hinweis:** Die Auswahl der Kostenkennwerte für den Bruttorauminhalt sollte nicht nur über einen gemittelten Wert der jeweiligen Gebäudetypologie erfolgen. Wird beispielsweise ein Bürogebäude geplant, so sind in den Informationen der Baukosteninformationsdienste meistens mehrere Bezugsobjekte aufgeführt, die sich in Größe und auch Gestaltung unterscheiden. Es sollten die Kostenkennwerte desjenigen Bezugsobjekts verwendet werden, das nach Einschätzung des Architekten dem eigenen Projekt am ähnlichsten ist. Informationen zu einzelnen Vergleichsobjekten können dem Objektnachweis entnommen werden. Aufgrund mangelnder Verknüpfungen mit den tatsächlichen Kostenverursachern auf Ebene der Bauelemente ist die korrekte Auswahl des Vergleichsobjekts die einzige Möglichkeit, eine möglichst realistische Aussage über die Kosten zu erhalten.

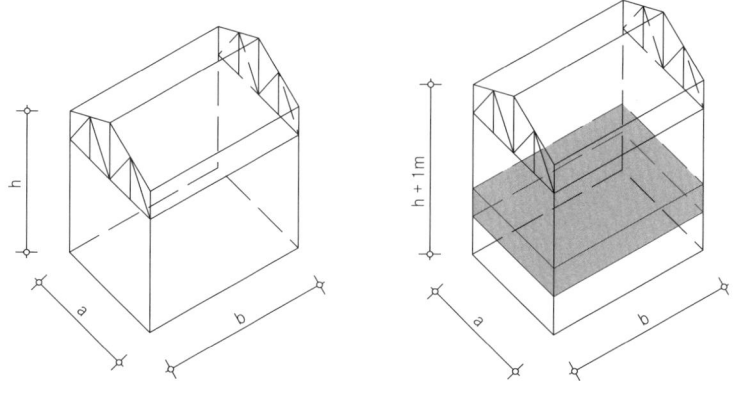

Abb. 21: Industriehallen mit gleicher Grundfläche und unterschiedlichem Bruttorauminhalt

Bei einer Industriehalle (z. B. mit den Abmessungen: 20 m × 80 m × 9 m) hat die Erhöhung des Gebäudes um 1 m einen geringeren Einfluss auf die Baukosten, da die Kostenverursacher Gründung bzw. Bodenplatte und Dachkonstruktion gleich bleiben und lediglich die Fassadenfläche um 200 m² größer wird. > Abb. 21 In dem Gebäude selbst wird also im Wesentlichen nur der umbaute „Luftraum" größer, der aber nicht als kostensteigernd angesehen werden kann.

KOSTENERMITTLUNG MIT HILFE VON GRUND- UND NUTZFLÄCHEN

Eine weitere Möglichkeit, Baukosten zu ermitteln, stellt die Berechnung der Grundflächen bzw. Nutzflächen und die Multiplikation mit einem entsprechenden Kostenkennwert dar. Hierbei wird die Gebäudehöhe mehr oder weniger außer Acht gelassen. Deswegen ist es von großer Bedeutung, dass Kostenkennwerte von Vergleichsobjekten mit ähnlichen absoluten Geschosshöhen (inklusive der konstruktiven Aufbauten von Gründung, Geschossdecken und Dächern) verwendet werden. Die Kostenermittlung unter Hinzuziehung von Grund- und Nutzflächen ist aber ebenfalls nur bedingt geeignet, verlässliche Aussagen über die tatsächlich zu erwartenden Kosten zu tätigen, da hier – wie auch bei der Berechnung mit Hilfe des Bruttorauminhalts – die direkte Verknüpfung mit den Kostenverursachern fehlt. Vielmehr ist diese Kostenermittlungsmethode in Verbindung mit der Kostenermittlung über den Bruttorauminhalt und gebäude- bzw. nutzungsspezifische Umrechnungsfaktoren als Planungsinstrument in den frühen Projektphasen zu verstehen. In jedem Fall ist ein Vergleich mit den Ergebnissen der raum- und grundflächenbezogenen Kostenermittlungsmethoden anzuraten, da so die Resultate überprüft werden können und auf eine realistische Annäherung an die

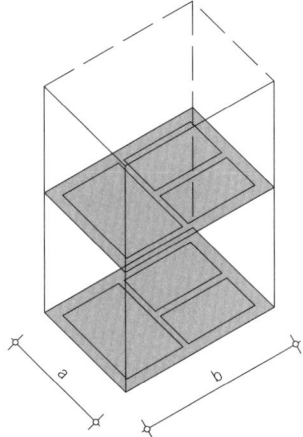 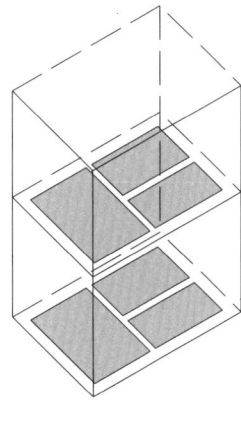

Abb. 22: Berechnung von Grund- und Nutzflächen

tatsächlichen Baukosten abgezielt werden kann. Nachfolgend wird die Kostenermittlung über Grund- und Nutzflächen anhand von Beispielen erläutert.

Berechnung mit Hilfe der Bruttogrundfläche

Die Ermittlung der zu erwartenden Baukosten unter Hinzuziehung der Bruttogrundfläche erfolgt durch ähnlich einfache Berechnungsmethoden, wie sie für den Bruttorauminhalt beschrieben worden sind.

Wie bereits erwähnt, besteht keine direkte Verbindung zwischen den Kostenkennwerten und den tatsächlichen Kostenverursachern. Kostensteigernde Faktoren wie zusätzliche Aufzugsanlagen, weitere Treppenhauskerne für kürzere Wege innerhalb des Gebäudes oder besonders hohe Decken- und Bodenaufbauten aufgrund eines hohen technischen Installationsgrads werden nicht gesondert berücksichtigt. Wie auch bei der Berechnung mit Hilfe des Bruttorauminhalts können die Kostenkennwerte für Bruttogrundflächen auf verschiedene Art und Weise in die Baukostenplanung einbezogen werden. Folgende Möglichkeiten sind gegeben:

1. Die notwendige Bruttogrundfläche wird direkt vom Bauherrn vorgegeben, oder die auf dem Grundstück realisierbare Bruttogrundfläche wird ermittelt. Durch Multiplikation mit dem Kostenkennwert werden anschließend die Baukosten berechnet.
2. Der Bauherr macht eine Zielkostenvorgabe. Durch Division der Zielkosten durch einen entsprechenden Kostenkennwert (unter Berücksichtigung der gewünschten Qualitäten) wird die im Kostenrahmen erzielbare Bruttogrundfläche berechnet.

Ein Investor möchte ein Bürogebäude mit einer Bruttogrundfläche von 3000 m² errichten. Für seine Finanzierung benötigt er vom Architekten eine Aussage über die zu erwartenden Baukosten. Der Architekt recherchiert Kostenkennwerte für vergleichbare Bauprojekte derselben Nutzungsart und Objektgröße (Bezug der Kennwerte durch Baukosteninformationsdienste oder aus selbst gebildeten Kennwerten) und kann somit eine erste grobe Aussage über die Baukosten tätigen.

Bei der Berechnung sollte zunächst der Mittelwert von 1500 EUR/m² BGF verwendet werden. Anschließend können die Schwankungsbreiten mit Zu- und Abschlägen bei der Kostenprognose berücksichtigt werden. > Abb. 20

Beispiel 1: Vorgabe der Bruttogrundfläche

Bruttogrundfläche × Kostenkennwert = zu erwartende Baukosten
3500m² × 1500 EUR/m³ = 4 500 000 EUR

Das errechnete Ergebnis von 4 500 000 EUR kann aufgrund der referenzierten Kostenkennwerte nach oben und unten um bis zu 750 000 EUR abweichen.

Werden vom Bauherrn hingegen Vorgaben bezüglich der Zielkosten oder der Bruttogrundfläche und der Zielkosten gemacht, so können einfache Rechenwege gewählt werden, wie sie in den Beispielen 2 und 3 bei der Berechnung über den Bruttorauminhalt vorgestellt wurden.

Die beschriebene Berechnung der Baukosten mit Hilfe der Bruttogrundfläche eines Gebäudes ist für den Architekten sehr einfach anwendbar und leicht nachvollziehbar. Die meisten Bauherren sind jedoch keine Immobilienfachleute und können mit diesem Planungswert nur bedingt arbeiten. Beim privaten Wohnungsbau und bei vermieteten Büroimmobilien stehen die tatsächlich nutzbaren oder vermietbaren Flächen im Vordergrund, da mit diesen der spätere Nutzen und Erträge erzielt werden. Eine Kostenaussage, bezogen auf die Nutzfläche (NF), wird sich dem Bauherrn eher erschließen, da er seinen nutzungsspezifischen Raumbedarf aus eigener Erfahrung kennt und das Projekt hinsichtlich der Wirtschaftlichkeit so besser bewerten kann. Anhand des bisherigen Flächenbedarfs und des zukünftig notwendigen Zuwachses kann der Bauherr

Berechnung anhand der Nutzfläche

■ **Tipp:** Bei jeder Kostenermittlung sollten die oberen und unteren Grenzwerte der Kostenkennwerte in der Berechnung aufgeführt werden, da somit direkt auf die systembedingten Schwankungsbreiten der Kostenermittlungsmethoden hingewiesen wird. Teilt der Architekt dem Bauherrn lediglich eine einzelne Zahl zu den möglichen Baukosten mit, erhält diese eine zu hohe Bedeutungskraft.

dem Architekten relativ einfach Vorgaben zur Nutzfläche machen. Es kommt jedoch nicht selten vor, dass wesentlich abstraktere Angaben gemacht werden, die sich z. B. auf die notwendige Mitarbeiterzahl eines Unternehmens (mindestens 1500 Mitarbeiter in Zellenbüros), auf eine erforderliche Anzahl von Betten in einem Hotel oder auf eine bestimmte Anzahl von Ein- oder Zweibettzimmern in Krankenhäusern beziehen.

Werden eher abstrakte Vorgaben durch den Bauherrn an den Architekten weitergegeben, muss dieser den notwendigen Flächenbedarf klären und die sich daraus ergebende Nutzfläche ermitteln, da dies die für seine Baukostenplanung relevante Kenngröße ist. Die mit Hilfe der Flächen- oder Rauminhalte berechneten Baukosten können im Nachhinein auf die projektspezifischen abstrakten Bezugsfaktoren umgerechnet werden, sodass der Bauherr dies im Rahmen einer Wirtschaftlichkeitsprüfung immer im Blick behalten kann. Die Ermittlung des Flächenbedarfs und die Umrechnung auf spezielle Bezugseinheiten sollten immer in enger Absprache mit dem Bauherrn durchgeführt werden.

Beispiel 1: Vorgabe der Mitarbeiteranzahl

Ein Bauherr möchte ein Bürogebäude für 600 Mitarbeiter errichten. Neben einzelnen Büroräumen für die Mitarbeiter sollen genau wie in seinem jetzigen Bürogebäude ca. 400 m² an Nebenflächen für WCs, Flure, Foyer, Teeküchen, Lager usw. und zusätzlich vier Besprechungsräume mit je 60 m² vorhanden sein. Der Architekt geht von reinen Zellenbüros mit jeweils 14 m² Fläche aus. Bei mit dem bisherigen Gebäude gleicher Flächenwirtschaftlichkeit und den im Neubau gewünschten zusätzlichen Besprechungsräumen ergibt sich folgende Berechnung zu der Nutzfläche:

Platzbedarf/Mitarbeiter × Anzahl Mitarbeiter + zusätzlicher Flächenbedarf = Nutzfläche
14 m² × 600 + 400 m² + (4 × 60 m²) = 9040 m²

Die Kostenkennwerte von Vergleichsobjekten liegen zwischen 2000 EUR/m² und 3000 EUR/m² Nutzfläche (Mittelwert 2500 EUR/m²).
> Abb. 20

Die zu erwartenden Baukosten errechnen sich wie folgt:

Nutzfläche × Kostenkennwert = zu erwartende Baukosten
9040 m² × 2500 EUR/m² = 22 600 000 EUR

Bezüglich der zu erwartenden Baukosten ist mit einer Schwankungsbreite von 4 520 000 EUR nach oben und unten zu rechnen.

Vor- und Nachteile der Kostenermittlung anhand von Grund- und Nutzflächen

Die Kostenermittlung über die Bruttogrundfläche eines Gebäudes ist ähnlich einfach und schnell durchzuführen wie die Berechnung über den Bruttorauminhalt, sie ist jedoch ebenso ungenau. Wird die notwendige Nutzfläche vom Bauherrn vorgegeben und durch den Architekten berechnet, können entsprechende Kostenkennwerte zugrunde gelegt werden. Bei der Wahl dieser Kennwerte ist jedoch zu klären, ob bei dem

○ **Hinweis:** Grundsätzlich drückt das Verhältnis der Nutzfläche zur Bruttogrundfläche die Flächenwirtschaftlichkeit eines Gebäudes aus. Je weniger Konstruktionsflächen und Verkehrsflächen bei gleicher Bruttogrundfläche benötigt werden, desto wirtschaftlicher ist ein Gebäude.

geplanten Projekt eine ähnliche Flächenwirtschaftlichkeit möglich ist. Bei grundsätzlich verschiedenen Voraussetzungen hinsichtlich der Grundrissanordnung und der Erschließung wären problematische Auswirkungen auf die berechneten Baukosten die Folge. Deswegen ist die korrekte Auswahl von Vergleichsobjekten von besonders großer Bedeutung. Auch muss geklärt werden, inwiefern Nebenflächen in die Nutzfläche oder die später vermietbare Fläche eingerechnet werden dürfen. Die Tatsache, dass bei dieser Methode die Gebäudehöhe nicht berücksichtigt wird, kann bei von der Norm abweichenden Geschosshöhen zu weiteren Ungenauigkeiten führen. Da die Nutzfläche für nahezu jeden Bauherrn eine greifbare und bekannte Kenngröße darstellt, lassen sich Vorgaben und Wünsche am besten anhand dieser Größe überprüfen, und die Kosten bleiben am besten bewertbar. Die Berechnung der zu erwartenden Baukosten mit Hilfe dieser Größe kann bei richtiger Anwendung die Genauigkeit der Ergebnisse deutlich steigern, da in den Kostenkennwerten weitere Informationen zur Flächenwirtschaftlichkeit berücksichtigt sind. Allerdings können diese versteckten Informationen auch große Ungenauigkeiten mit sich bringen, wenn es keine konkret vergleichbaren Bezugsobjekte mit realistischen Kostenkennwerten gibt oder wenn die Planungstiefe ○ des Projekts hierzu noch keine Aussagen zulässt.

KOSTENERMITTLUNG ANHAND VON GROBELEMENTEN

In den beschriebenen Berechnungsmethoden fehlt der Bezug zu den eigentlichen Kostenverursachern. Das ist tolerierbar, denn in frühen Projektphasen geht es darum, die Realisierbarkeit im Rahmen eines gewissen Kostenrahmens zu überprüfen, das Bausoll zu definieren und unter diesen Bedingungen einen Gebäudeentwurf zu entwickeln.

Im weiteren Planungsverlauf werden diese groben Berechnungsmethoden jedoch zu ungenau, weswegen auf eine detailliertere Berechnungsmethode zurückgegriffen werden sollte. Eine Möglichkeit bietet die Berechnung der Baukosten über sogenannte Grobelemente. Dies setzt jedoch einen konkreten Gebäudeentwurf voraus, anhand dessen eine Mengenermittlung der einzelnen konstruktiven Bauteile (Grobelemente) des geplanten Gebäudes durchgeführt werden kann. Bei der Mengenermittlung der einzelnen Grobelemente muss einheitlich verfahren werden. In Deutschland beispielsweise sind die Bezugseinheiten zur Mengenermittlung in der DIN 277 geregelt. Alle Kostenkennwerte werden auf dieser maßlichen Grundlage errechnet. Ein Grobelement beschreibt einzelne Bauteile wie z. B. eine Außenwand, eine Geschossdecke oder ein Dach und ist unterteilbar in Bauelemente.

So kann das Grobelement einer Geschossdecke wie folgt aufgebaut sein:
1. Fliesen, d = 15 mm + Kleber
2. Schwimmender Zementestrich 6,0 cm
3. Wärmedämmung, Trittschalldämmung 5,0 cm
4. Stahlbetondecke 25 cm
5. Gipsdeckenputz 1,5 cm
6. Anstrich

Vorgehensweise Bei der Berechnung der zu erwartenden Baukosten geht der Architekt wie folgt vor: Der vorhandene Gebäudeentwurf wird hinsichtlich seiner konstruktiven Bauteile ausgewertet. Die einzelnen Grobelemente werden tabellarisch erfasst und wenn möglich genauer beschrieben. Anschließend werden für jedes einzelne Grobelement separat Mengen ermittelt und ebenfalls in die Tabelle eingetragen. > Abb. 24 Anhand der einzelnen Grobelementbeschreibungen können vergleichbare Kostenkennwerte bei Baukosteninformationsdiensten recherchiert oder selbst ermittelte Kennwerte verwendet werden. Diese Kostenkennwerte sind dann nicht mehr auf eine Gebäudetypologie, sondern auf das jeweilige Bauteil bezogen. Dadurch wird ein direkter Bezug von Kostenverursacher und Kostenkennwert hergestellt. Außerdem können so auch Kostenkennwerte verschiedener Vergleichsobjekte herangezogen werden, da die Vergleichbarkeit hinsichtlich des konstruktiven Aufbaus bewertet wird. Die Kostenkennwerte der einzelnen Grobelemente werden mit den ermittelten Mengen multipliziert und ergeben in der Summe zunächst die Baukosten für die einzelne Grobelementgruppe. Die gesamten Baukosten resultieren aus den Teilsummen der einzelnen Grobelementgruppen (Dach, Außenwand, Innenwand, Decke, Gründung). Werden einzelne Bestandteile in der Mengenermittlung vergessen, hat dies erhebliche Auswirkungen auf die errechneten Baukosten.

■ **Tipp:** Selten besteht ein Gebäude aus immer gleichen Grobelementen. Deswegen sollte bei der Ermittlung der Baukosten frühzeitig nach möglichen Decken-, Wand- und Dachaufbauten unterschieden werden, da dies die Genauigkeit der Kostenermittlung erheblich steigert. Ohne verlässliche Angaben über die einzelne Bauteilzusammensetzung können nur bedingt verlässliche Kostenaussagen getroffen werden.

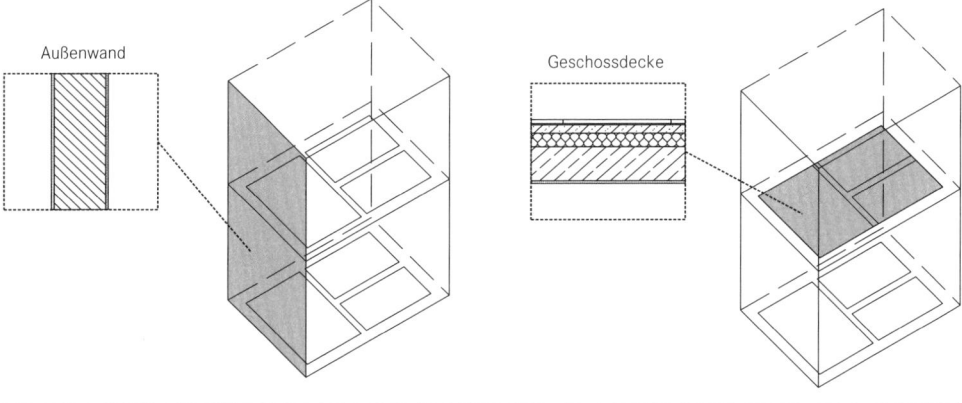

Abb. 23: Grobelemente Außenwand und Geschossdecke

Abb. 24: Beispiel einer einfachen Kostenermittlung über Grobelemente mit Zuordnung der Kostengruppen nach der deutschen DIN 276

Kostengruppe DIN 276	Grobelement Beschreibung	Menge Mengeneinheit	Kostenkennwert Euro/ME	Gesamtpreis Euro
310	Baugrube	900 m³	8	7 200
320	Gründung	120 m²	150	18 000
330	Außenwände	200 m²	300	60 000
340	Innenwände	80 m²	150	12 000
350	Decken	120 m²	165	19 800
360	Dächer	120 m²	220	26 400
……	……	……	……	……
Summe der Baukosten				**230 800**

Diese Form der Kostenermittlung bietet die Möglichkeit, die Kosten anhand der Kostenverursacher zu berechnen, und ist somit wesentlich genauer als Berechnungsmethoden auf der Basis von Rauminhalten oder Grundflächen. Problematisch ist jedoch die Reduktion der Grobelemente auf jeweils nur einen konstruktiven Aufbau. Werden sie differenziert erfasst, sodass alle verschiedenen Konstruktionsaufbauten berücksichtigt werden, steigert sich der Zeitaufwand für die Berechnung erheblich. Wie bereits angemerkt, stehen jedoch gerade Qualitäten von Oberflächen, die einen erheblichen Einfluss auf die Kosten des Grobelements haben, erst viel später fest. Bei sehr einfachen Gebäuden mit einer geringen An-

Vor- und Nachteile der Kostenermittlung anhand von Grobelementen

zahl von verschiedenen Konstruktionsaufbauten lassen sich mit dieser Methode die Baukosten sehr schnell und unkompliziert ermitteln. Wird ein Gebäude hingegen sehr individuell, technisch und architektonisch anspruchsvoll geplant, birgt diese Berechnung ein hohes Ungenauigkeitspotenzial.

Wie auch für die anderen beschriebenen Methoden der Kostenermittlungen gilt: Bauprojekte im Bestand lassen sich sehr schlecht über Grobelemente abbilden oder berechnen. Ein weiteres Problem besteht darin, dass bei einem Kostenkennwert für ein Grobelement verschiedene Leistungsbereiche oder ausführende Gewerke vermischt werden.

Welche ausführenden Gewerke bei dem oben angeführten Beispiel der Geschossdecke beteiligt wären, kann der nachfolgenden Auflistung entnommen werden:

1. Fliesen- und Plattenarbeiten für den Bodenbelag (33%)
2./3. Estricharbeiten für den Estrich inkl. der Dämmung (13%)
4. Beton- und Stahlbetonarbeiten für die tragende Geschossdecke (44%)
5. Putz- und Stuckarbeiten für den Innendeckenputz (7%)
6. Maler- und Lackierarbeiten für den Anstrich des Deckenputzes (3%)

Bei einem Grobelement einer Außenwand können z. B. folgende Gewerke beteiligt werden:
1. Mauerarbeiten für die Außenwand (65%)
2. Putz- und Stuckarbeiten für den Innen- und den Außenputz (27%)
3. Maler- und Lackierarbeiten für den Fassadenanstrich und den Anstrich Innenwandputz (8%)

Wie die beiden beispielhaften Grobelemente für eine Geschossdecke und eine Außenwand zeigen, können die veranschlagten Baukosten beim späteren Übergang des Projekts von der Planung in die Ausführung nur auf sehr umständlichem Wege in die Budgets für die einzelnen Vergabeeinheiten umgerechnet werden. > Kap. Fortschreiben der Kostenplanung, Arbeiten mit einer gewerkeorientierten Kostenermittlung Dies ist nur möglich, wenn eine Aufschlüsselung der prozentualen Anteile des Kostenkennwerts eines Grobelements für die einzelnen beteiligten Gewerke erstellt wird. Diese Vorgehensweise ist jedoch fragwürdig, da der prozentuale Anteil sehr stark von projektspezifischen Rahmenbedingungen der herangezogenen Vergleichsobjekte beeinflusst wird.

KOSTENERMITTLUNG ANHAND VON BAUELEMENTEN

Die Berechnung mit Grobelementen eröffnet zwar die Möglichkeit, die Baukosten anhand der Kostenverursacher zu ermitteln, ist jedoch trotzdem mit Ungenauigkeiten und Anwendungsproblemen im weiteren

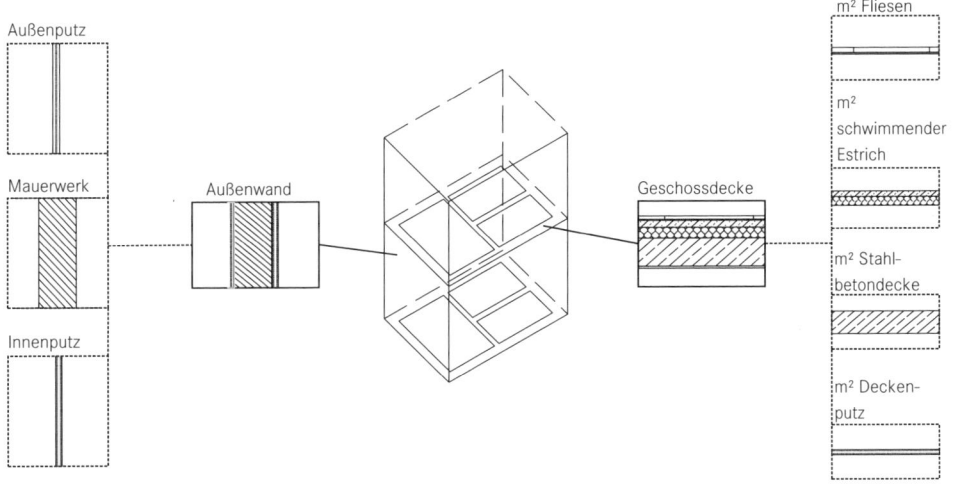

Abb. 25: Aufgliederung der Grobelemente Außenwand und Geschossdecke in Bauelemente

Projektverlauf verbunden. Deswegen sollte, sobald ausreichend genaue Informationen zu geplanten Konstruktionsaufbauten und Qualitäten der Oberflächen verfügbar sind, eine genauere Aufgliederung der Kosten bis hin zu einzelnen Bauelementen durchgeführt werden. > Kap. Fortschreiben der Kostenplanung, Arbeiten mit einer bauelementorientierten Kostenermittlung

An dieser Stelle ist zunächst der Begriff „Bauelement" zu bestimmen. Ein Bauelement wird auch als Feinelement, Bauteil, Konstruktionselement, Leitposition oder Gebäudebestandteil bezeichnet. Alle diese Begriffe lassen jedoch keine genaue Definition zu. Eindeutig ist folgende Erklärung: Ein Bauelement ist ein Teil eines Gebäudes, der sowohl einem Bauteil als auch einem Leistungsbereich eindeutig zugeordnet werden kann.

Alle Grobelemente eines Gebäudes lassen sich in einzelne Bauelemente unterteilen. Beispielhaft sind in Abbildung 25 die Grobelemente Außenwand und Geschossdecke dargestellt.

○ **Hinweis:** Ein Bauelement lässt sich nicht nach seiner Funktion im Gebäude weiter unterteilen (z. B. wird das Bauteil „Wand, nichttragend oder tragend, inkl. Türen" in nichttragende Wände, tragende Wände und Türen unterteilt.). Zudem gibt es keine Bauelemente, die mehreren Leistungsbereichen bzw. Vergabeeinheiten angehören – so ist ein „Decken-Gipsputz mit Dispersionsanstrich" unterteilt in ein Bauelement „Decken-Gipsputz, Putzarbeiten" und ein Bauelement „Dispersionsanstrich, Malerarbeiten".

Die Grundlage für diese Kostenermittlungsmethode bildet eine Baubeschreibung, die alle Bauelemente des geplanten Gebäudes enthalten muss. Den einzelnen Bauelementen können aufgrund ihrer beschriebenen Eigenschaften verschiedene Kostenkennwerte zugeordnet werden. Da jedes Bauelement eindeutig beschrieben ist, können die zum Vergleich herangezogenen Kostenkennwerte ebenfalls sehr realitätsgetreu ausgewählt werden. Dieser Bauelementkatalog fasst alle im Gebäude enthaltenen Bauelemente tabellarisch zusammen. Im Gegensatz zu einem Raumbuch werden alle konstruktiv gleich ausgebildeten Bauelemente nur einmal beschrieben, sodass sich der Umfang auch bei größeren Projekten in einem übersichtlichen Rahmen hält. Der Bauelementkatalog bleibt bearbeitbar. Die Beschreibung sollte sich auf die wesentlichen Merkmale zur Unterscheidung der Qualitäten beschränken. Die Bauteile müssen jedoch lückenlos erfasst und mengenmäßig ermittelt werden, damit die spätere Kostenermittlung genau durchgeführt werden kann.

Vorgehensweise Bei der Aufstellung des Bauelementkatalogs geht der Architekt die einzelnen Kostengruppen eines Gebäudes durch und erfasst dabei alle für das Gebäude relevanten Bauelemente. So werden beispielsweise alle nichttragenden Innenwände aufgenommen und kurz und knapp mit ihren Eigenschaften und Anforderungen beschrieben. Das Gleiche wird für alle anderen Bauelemente wie tragende Innenwände, tragende Außenwände, Außenwandbekleidungen usw. durchgeführt. Damit später die Umwidmung der errechneten Baukosten einzelner Bauelemente in Budgets für die Vergabeeinheiten vollzogen werden kann, sollten in dieser Tabelle nicht nur die Kostengruppen, sondern ebenfalls die entsprechenden Leistungsbereiche (ausführenden Gewerke) benannt werden. Auf diese Weise ist eine Umstellung von der gebäude- zur ausführungsorientierten Sichtweise innerhalb einer Tabellenkalkulationssoftware jederzeit problemlos möglich. Die Zusammenfassung der Leistungsbereiche zu den späteren Vergabeeinheiten kann je nach Leistungsspektrum der ausführenden Firmen auch projektspezifisch vollzogen werden.

○ **Hinweis:** Bei einer Trockenbauwand z. B. sind Angaben zur Wanddicke, zu Materialeigenschaften der Dämmung sowie zu Materialeigenschaften und Dicke der Beplankungslagen wichtig, da sich hieraus gewisse Brand- und Schallschutzeigenschaften ergeben, die die Kosten wesentlich bestimmen. Besteht eine Wand aus zwei separat errichteten Ständerwänden, so beeinflusst auch dies die Kosten, da sich der zeitliche Arbeitsaufwand und somit der Lohnanteil deutlich steigert.

Abb. 26: Bauelementkatalog (mit Zuordnung von Kostengruppen nach der deutschen DIN 276)

Kostengruppe DIN 276	Bauelement Beschreibung	Leistungsbereich
350	**Decken**	
351	Stahlbetondecke 20 cm, Deckenunterseiten ohne Anforderungen	Rohbau
352	Schwimmender Zementestrich ZE20, Dicke 50 mm auf Trittschalldämmung 20 mm, restlicher Aufbau aus Wärmedämmung PS 20 WLG 035, Gesamthöhe 150 mm	Estricharbeiten
352	Parkett, Eiche Landhausdiele, 22 mm, Oberfläche weiß geölt	Parkettarbeiten
353	Gipsputz unter der Decke, Dicke im Mittel 15 mm	Putzarbeiten
340	**Innenwände**	
341	Stahlbetonwand 15 cm, Oberflächen ohne Anforderungen	Rohbau
345	Innenputz beidseitig, Dicke im Mittel 15 mm	Putzarbeiten

Es ist durchaus sinnvoll, den Bauelementkatalog durch eine räumliche Zuordnung zu erweitern. Dies hilft insbesondere dem Bauherrn, die geplanten Qualitäten des Gebäudes zu verstehen. Die räumliche Zuordnung kann durch Raumgruppen oder Raumnummern erfolgen. Sind zum Beispiel die Bodenbeläge aller Besprechungsräume in einem Bürogebäude identisch ausgeführt, so können auch Bodenbeläge anderer Räume mit dieser Beschreibung eindeutig definiert werden (z. B.: „Parkettboden, Eiche wie in Besprechungsräumen"). Wird die räumliche Zuordnung penibel und vollständig erfasst, erfüllt die Baubeschreibung mit Bauelementen auch die Funktionen eines Raumbuches, da alle in einem Raum oder einer Raumgruppe vorkommenden Bauelemente übersichtlich dargestellt werden können. Gegenüber einem Raumbuch ist die Tabelle des Bauelementkatalogs jedoch wesentlich leichter zu handhaben.

Die Mengenermittlung für den Bauelementkatalog sollte möglichst leicht nachvollziehbar in einer Tabelle durchgeführt werden, damit Synergieeffekte für die Terminplanung (Dauer einzelner Abläufe) und vor allem für die Mengenberechnung bei der Ausschreibung genutzt werden können.

Ergänzt man den Bauelementkatalog mit den jeweiligen Kostenkennwerten, kann die Kostenermittlung durchgeführt werden. Der Gesamtpreis eines Bauelementes ergibt sich aus der Multiplikation der Menge des Bauelementes mit dem Kostenkennwert des Bauelementes. Durch einfaches Umsortieren der Tabelle können wahlweise Kosten für übergeordnete Grobelemente bzw. Kostengruppen oder auch Leistungsbereiche berechnet werden.

Der wesentliche Vorteil einer Kostenermittlung mit Hilfe von Bauelementen liegt eindeutig in der Weiterverwendung der errechneten Kosten für die Umwidmung in Budgets der Vergabeeinheiten von einzelnen

Räumliche Zuordnung

Mengenermittlung der Bauelemente

Zuordnung von Kostenkennwerten

Vor- und Nachteile der Kostenermittlung über Bauelemente

Abb. 27: Bauelementkatalog inklusive räumlicher Zuordnung und Mengenermittlung

Kostengruppe DIN 276	Bauelement Beschreibung	Leistungsbereich	Raumgruppen Raumnummern	Menge Mengeneinheit
350	Decken			
351	Stahlbetondecke 20 cm, Deckenunterseiten ohne Anforderungen	Rohbau	Büroräume und Flure	120 m²
352	Schwimmender Zementestrich ZE20, Dicke 50 mm auf Trittschalldämmung 20 mm, restlicher Aufbau aus Wärmedämmung PS 20 WLG 035, Gesamthöhe 150 mm	Estricharbeiten	Büroräume und Flure	120 m²
352	Parkett, Eiche Landhausdiele, 22 mm, Oberfläche weiß geölt	Parkettarbeiten	Büroräume und Flure	120 m²
353	Gipsputz unter der Decke, Dicke im Mittel 15 mm	Putzarbeiten	Büroräume und Flure	120 m²
340	Innenwände			
341	Stahlbetonwand 15 cm, Oberflächen ohne Anforderungen	Rohbau	Treppenhaus	80 m²
345	Innenputz beidseitig, Dicke im Mittel 15 mm	Putzarbeiten	Treppenhaus	160 m²

Gewerken. Die Baubeschreibung mit Bauelementen ermöglicht es, die beschriebenen Qualitäten des Gebäudes auch im Projektverlauf genauer zu definieren und anzupassen. Sie bildet schlussendlich die Grundlage für die Erstellung der Leistungsverzeichnisse der einzelnen Leistungsbereiche. Die übersichtlich zusammengefassten projektspezifischen Qualitäten sind für den Bauherrn als Laien wesentlich besser verständlich als einzelne Positionen von Leistungsverzeichnissen, da das Bauelement immer das fertige Bauteil beschreibt und nicht die Arbeiten, die zur Herstellung notwendig sind. Trotz des großen Detaillierungsgrads bleibt die Struktur sehr flexibel, da jedes Bauelement genau einer Kostengruppe (z. B. in Deutschland nach der dritten Ebene der DIN 276) und genau einem Leistungsbereich zuzuordnen bleibt. > Kap. Grundlagen der Kostenplanung, Begriffe und Strukturen

KOSTENERMITTLUNG ANHAND VON LEISTUNGSVERZEICHNISSEN

Durch die Aufgliederung der Grobelemente in einzelne Bauelemente kann der Detaillierungsgrad und somit der Genauigkeitsgrad der Kostenermittlung wie beschrieben wesentlich erhöht werden. Um eine noch größere Genauigkeit zu erreichen, können alle kostenrelevanten Informationen zu den einzelnen Bauelementen in Leistungsverzeichnissen verfeinert werden. Ein Leistungsverzeichnis beschreibt alle für die

Abb. 28: Bauelementkatalog inklusive räumlicher Zuordnung, Mengenermittlung und Zuordnung von Kostenkennwerten

Kosten-gruppe	Bauelement	Leistungs-bereich	Raumgruppen	Menge	Inklusivpreis	Gesamtpreis
DIN 276	Beschreibung		Raumnummern	Mengen-einheit	Euro/ME	Euro
350	**Decken**					**19 800,00**
351	Stahlbetondecke 20 cm, Deckenunterseiten ohne Anforderungen	Rohbau	Büroräume und Flure	120 m²	87,00	10 440,00
352	Schwimmender Zementestrich ZE20, Dicke 50 mm auf Trittschalldämmung 20 mm, restlicher Aufbau aus Wärmedämmung PS 20 WLG 035, Gesamthöhe 150 mm	Estricharbeiten	Büroräume und Flure	120 m²	16,00	1920,00
352	Parkett, Eiche Landhausdiele, 22 mm, Oberfläche weiß geölt	Parkettarbeiten	Büroräume und Flure	120 m²	47,00	5640,00
353	Gipsputz unter der Decke, Dicke im Mittel 15 mm	Putzarbeiten	Büroräume und Flure	120 m²	15,00	1800,00
340	**Innenwände**					**12 000,00**
341	Stahlbetonwand 15 cm, Oberflächen ohne Anforderungen	Rohbau	Treppenhaus	80 m²	120,00	9600,00
345	Innenputz beidseitig, Dicke im Mittel 15 mm	Putzarbeiten	Treppenhaus	160 m²	15,00	2400,00

Ausführung relevanten Informationen für einzelne Leistungsbereiche (Gewerke) sozusagen in Form einer textlichen Bauanleitung. Während die Bauelementmethode lediglich die fertiggestellten Konstruktionen im Fokus hat, wird bei der Kostenermittlung über Leistungsverzeichnisse zusätzlich die Art und Weise der Herstellung berücksichtigt. Projektspezifisch kann die Art und Weise der Herstellung wesentlichen Einfluss auf die Kosten haben, da Lohnanteile entsprechend erhöht oder vermindert werden können. Bei den bisher erläuterten Kostenermittlungsmethoden werden diese Einflüsse nicht beachtet.

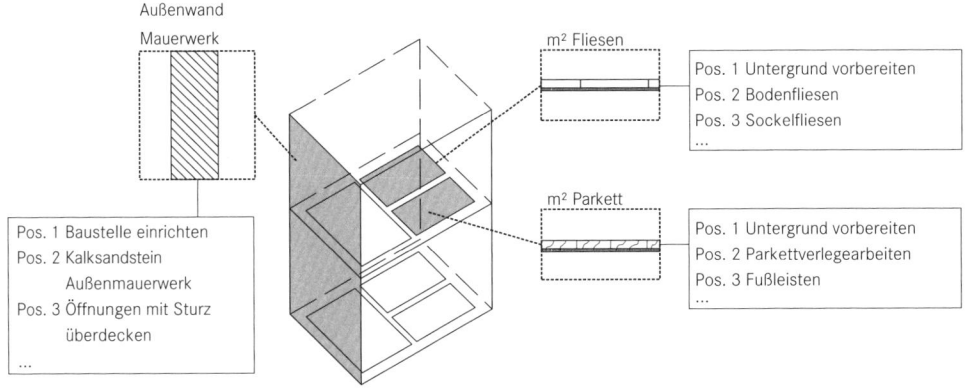

Abb. 29: Aufgliederung der Bauelemente in einzelne Leistungspositionen

○ Alle Bauelemente eines Gebäudes lassen sich in einzelne Leistungspositionen unterteilen, die in entsprechende Leistungsbereiche (Gewerke) zusammengefasst werden. In Abbildung 29 ist dies beispielhaft für einen Fliesen- und einen Parkettboden sowie eine tragende Außenwand dargestellt.

Beispiel: Kostenermittlung anhand von Leistungsverzeichnissen

Ein Leistungsverzeichnis für Parkettarbeiten würde beispielsweise alle zur Herstellung des fertigen Oberbodens erforderlichen Positionen einschließlich der Nebenbestandteile (alle Materialien, Schutzmaßnahmen, Untergrundvorbereitung, Verkleben des Parketts, Schleifen und Ölen des Parketts, Anbringen von Fußleisten usw.) für das gesamte Bauprojekt in allen Geschossen erfassen. Ist das Leistungsverzeichnis vollständig aufgestellt, kann der Architekt für die einzelnen Leistungs-

○ **Hinweis:** Wenn Mengen einzelner Leistungspositionen ermittelt werden, muss sichergestellt sein, dass der Mengenbezug der herangezogenen Einheitspreise auf denselben Abrechnungsmodalitäten beruht. National gibt es hierzu verschiedene Abrechnungsmöglichkeiten, wobei unterschiedliche Übermessungsregeln existieren. In Deutschland sind Abrechnungsmodalitäten z. B. in der VOB/C geregelt. Unter Umständen müssen die zum Vergleich herangezogenen Einheitspreise umgerechnet werden. Eine nachhaltige Dokumentation und Auswertung von Einheitspreisen aus Angeboten für einzelne Leistungsverzeichnisse der eigenen Projekte ermöglicht dem Architekten langfristig eine zusätzliche Sicherheit in der Kostenplanung.

Abb. 30: Kostenermittlung für Parkettarbeiten mit Hilfe eines Leistungsverzeichnisses

Position Nr.	Leistungsposition Beschreibung	Menge ME	Einheitspreis EUR	Summe EUR
1	Reinigen des Untergrunds, Entfernen von Sinterschichten	500 m²	5,00	2500
2	Verklebung Landhausdiele 14 cm breit, 22 mm stark, Eiche hell	500 m²	85,00	42 500
3	Schleifen der Parkettoberfläche	500 m²	10,00	5000
4	Ölen der Parkettoberfläche mit weiß pigmentiertem Öl	500 m²	5,00	2500
5	Anbringen von Fußleisten, 20 × 50 mm, MDF, weiß	100 m	12,00	1200
6	Schutzabdeckung des fertigen Parketts mit Pappe	500 m²	2,50	1250
7	Spachtel zum Toleranzausgleich auf Betonstufen (110 × 30 cm) aufbringen	50 Stk.	25,00	1250
8	Tritt- und Setzstufen, Eiche hell, 3 cm × 110 cm × 30 cm bzw. 17,5 cm) passend zum Parkett verkleben	50 Stk.	150,00	7500
9	Stufen schleifen	50 Stk.	10,00	500
10	Stufen ölen mit weiß pigmentiertem Öl	50 Stk.	5,00	250
Summe Parkettarbeiten				**64 450**

positionen durchschnittliche Einheitspreise einsetzen und erhält durch Multiplikation mit den ermittelten Mengen die Gesamtsumme für die Parkettarbeiten. Wenn alle Leistungsverzeichnisse der erforderlichen Leistungsbereiche entsprechend aufgestellt worden sind, können auch hierfür die einzelnen Leistungspositionen mit Einheitspreisen versehen werden. Die Endsummen der einzelnen Leistungsverzeichnisse stellen im Planungsstadium vor der Ausführung die Budgets der Vergabeeinheit dar. Durch Addition der Ergebnisse aller mit Einheitspreisen versehenen Leistungsverzeichnisse ergibt sich eine sehr realitätsgetreue Aussage über die zu erwartenden Gesamtkosten des Bauprojekts. Die Leistungsverzeichnisse können zunächst auch in vereinfachter Form erstellt werden, wobei alle Positionen nur über den Kurztitel beschrieben werden.

Diese Art der Kostenermittlung garantiert eine realitätsnahe Aussage über die zu erwartenden Baukosten. Dies setzt jedoch voraus, dass es finale Festlegungen zu allen Qualitäten und Detailausbildungen in der Planung gibt und dass alle Mengen lückenlos erfasst werden. Deswegen kann diese Methode nicht angewendet werden bzw. liefert keine verlässlichen Ergebnisse, wenn genauere Angaben zur Ausführung fehlen. Wenn also die Planungstiefe eines Projekts noch nicht entsprechend weit fortgeschritten ist, sollte auf eine andere Kostenermittlungsmethode zurückgegriffen werden.

Vor- und Nachteile der Kostenermittlung über Leistungsverzeichnisse

Außerdem bringt die Erstellung aller notwendigen Leistungsverzeichnisse einen vergleichsweise großen Zeitaufwand mit sich. Der Architekt muss je nach Projektphase abwägen, ob nicht eher die Bauelement- oder Grobelementmethode das richtige Werkzeug zur Kostenermittlung darstellt. In einem sehr weit fortgeschrittenen Planungsstadium entsteht jedoch kein zusätzlicher Zeitaufwand im eigentlichen Sinne. Die Kostenermittlung durch Leistungsverzeichnisse stellt vielmehr eine Vorwegnahme von Planungsleistungen dar, die im Rahmen der Ausschreibung von Bauleistungen sowieso vom Architekten erbracht werden müssen. Über vereinfachte Leistungsverzeichnisse, die dennoch alle Positionen enthalten, kann der Aufwand etwas reduziert werden, jedoch müssen die Leistungspositionen dann im Nachhinein ergänzt und angepasst werden, sodass sie als Grundlage zur Angebotsanfrage bei Bauunternehmen dienen können.

Im Einzelfall kann die Kostenermittlung durch Leistungsverzeichnisse auch mit anderen Kostenermittlungsmethoden kombiniert werden. Einzelne Leistungsbereiche, zu denen es bereits weitreichende Informationen und somit Planungssicherheit gibt, können entsprechend genau durch Leistungsverzeichnisse beschrieben und bepreist werden, wogegen in anderen Bereichen weiterhin eine Kostenermittlung mit Hilfe von Bauelementen sinnvoll sein kann.

○ **Hinweis:** Findet der Architekt für seltene oder ungewöhnliche Bauelemente keine Kostenkennwerte in der Literatur, bietet die Kostenermittlung über Leistungsverzeichnisse eine Möglichkeit, dennoch einen eigenen Kostenkennwert zu bilden. Hierbei werden dann die einzelnen notwendigen Leistungspositionen zur Erstellung des Bauelements ermittelt, und anhand aller Einheitspreise wird ein Inklusivpreis gebildet.

Fortschreiben der Kostenplanung

Eine von vornherein zu niedrig angesetzte Baukostenkalkulation kann unter keinen Umständen mehr ein zufriedenstellendes Ergebnis hervorbringen, da gewünschte Qualitäten nicht realisiert werden können oder ein notwendiges Raumprogramm nicht vollständig umgesetzt werden kann. Deswegen ist eine fortlaufende und stufenweise aufbauende Kostenplanung essenziell für die Einhaltung des Projektbudgets und somit für die Zufriedenheit des Bauherrn. Der Grundstein hierfür wird mit der ersten Festlegung des Projektbudgets gesetzt. In welchen Projektphasen sich die Kostenplanung in sinnvolle Stufen einteilen lässt und wie die Erkenntnisse bzw. Ergebnisse jeweils in der nächsten Projektphase fortgeschrieben werden sollten, wird nachfolgend beschrieben.

GRUNDLAGEN ZUM FORTSCHREIBEN UND PFLEGEN EINER KOSTENPLANUNG

Die Kostenvorgabe bzw. die Einhaltung des Projektbudgets ist in der Regel eine wesentliche Kenngröße für den Projekterfolg. Da zum Zeitpunkt der Entscheidung zur Durchführung eines Projektes meist nur wenige detaillierte Festlegungen erfolgt sind, muss die Kostenentwicklung über den gesamten Planungs- und Bauprozess fortgeschrieben werden. Fast alle Entscheidungen im laufenden Prozess – egal ob es sich um Entwurfsabstimmungen, Details, Qualitäten oder nachträgliche Änderungen handelt – führen zu Veränderungen in der Kostenstruktur des Projektes.

Bei jeder wesentlichen Entscheidung des Auftraggebers im Projektablauf sind die Kosten vollständig aufzuarbeiten und als Entscheidungsgrundlage zusammen mit den eigentlichen Projektunterlagen wie den Plänen zu übergeben. Wesentliche Entscheidungsebenen sind in der Regel:

Kostenermittlungsstufen

1. Kostenrahmen: Entscheidung zur Durchführung des Projektes

Im ersten Schritt überprüft der Architekt, ob die vom Bauherrn gewünschten Rahmenbedingungen (Nutzung des Grundstücks, Nutzfläche, Kostenrahmen, Zeitschiene usw.) unter den gegebenen Voraussetzungen umsetzbar sind. Hierzu untersucht er die Bebaubarkeit und mögliche Ausnutzung des Grundstücks anhand von Bebauungsplänen und prüft, inwieweit gegebene Kosten- und Zeitrahmen realistisch sind – ohne dass direkt ein Entwurf entwickelt wird. Lässt sich innerhalb dieser Projektparameter ein Bauwerk grundsätzlich abbilden, so werden die Entscheidungshilfen dem Bauherrn vorgelegt, und dieser bestimmt über die Entwicklung von Entwürfen. Dies hat wesentliche finanzielle Konsequenzen, weil auf Basis der gegebenen Parameter nun diverse Objekt-/Fachplaner sowie Sachverständige hinzugezogen und beauftragt werden.

In diesem Schritt ist hinsichtlich der Kosten vor allem zu prüfen, ob Kostenvorgabe und gewünschte Nutzfläche anhand von abgerechneten Beispielprojekten statistisch realistisch sind.

2. Kostenschätzung: Entscheidung über die Entwurfsidee/ den Vorentwurf

Nachdem der Architekt eine erste Entwurfsidee entwickelt hat, wird er diese dem Bauherrn vorstellen und eventuell auch Alternativen zur Entscheidung vorlegen. Der Bauherr muss nun festlegen, ob der Vorentwurf oder eine Alternative weiter fortgeschrieben werden sollen. Hierzu benötigt er die Information, ob der entwickelte Entwurf innerhalb der Kostenvorgabe zu realisieren ist und welche Alternative zu welchen Baukosten führt. Die Fixierung des Entwurfsgedankens hat insoweit starke finanzielle Auswirkungen, als der Entwurf mit der Freigabe in Richtung auf eine genehmigungsfähige Entwurfsplanung fortgeschrieben und also nicht mehr vollständig in Frage gestellt wird.

In dem Schritt Kostenschätzung werden daher die Kosten durch Architekten entwurfsbezogen anhand von volumen-/flächenbezogenen oder besser bereits anhand von bauteil-/bauelementbezogenen Kostenkennwerten mit hinterlegter Massenermittlung zusammengestellt.

3. Kostenberechnung: Entscheidung über die Einreichung des Bauantrags

Ist der Entwurf so weit fortgeschrieben und durchgeplant, dass er „genehmigungsreif" ist, muss der Bauherr entscheiden, ob er ihn in der vorgelegten Form umsetzen will und somit den Bauantrag bei der zuständigen Behörde einreichen möchte. Der Bauantrag schafft in dieser Hinsicht Fakten, da die daraufhin erteilte Baugenehmigung den umzusetzenden Entwurfsstand widerspiegelt und bei Änderungswünschen wiederum die Behörde über Änderungsanträge zu befragen ist.

In dieser Phase werden die Kosten entwurfsbezogen anhand von bauteil-/bauelementbezogenen Kostenkennwerten mit hinterlegter Massenermittlung zusammengestellt. Diese Aufstellung ist detaillierter als im zweiten Schritt, da erheblich mehr Informationen zum Projekt und dessen Ausgestaltung als Basis der Kostenermittlung vorliegen.

4. Kostenanschlag: Entscheidung über die Einholung von Angeboten und Fixierung des Bausolls

Nach Einholung der Baugenehmigung werden die Vergabe der Bauleistungen und die eigentliche Bauausführung vorbereitet. Je nach Ausschreibungs- und Vergabeart werden hierzu Leistungsbeschreibungen und gegebenenfalls Ausführungspläne mit Details erstellt. In Abhängigkeit vom Detaillierungsgrad der Qualitätsanforderungen in der Ausschreibung, der von globalen Funktionalbeschreibungen bis zu detaillierten Leistungsverzeichnissen reichen kann, werden Präzisierungen in der Planung vorgenommen, welche zu deutlichen Kostenveränderungen führen können. Gerade bei öffentlichen Auftraggebern ist es nach Versendung der Unterlagen nur noch bedingt möglich, diese relevant zu verändern. Somit ist die Festlegung des „Bausolls" in den Ausschreibungen von hoher Relevanz.

In diesem Schritt werden die Kosten folglich bauelementbezogen dargestellt, zunächst in Analogie zum Detaillierungsgrad der Ausschreibung bauteilorientiert, anschließend wird in die vergabeorientierte Sichtweise umgeschrieben. Insbesondere bei Einzelvergaben sind somit Budgets der einzelnen Vergabeeinheiten einfach aufzuschlüsseln und bei Vorliegen von Angeboten zu prüfen.

5. Preisspiegel: Entscheidung über die Vergabe der Bauleistung

Nach der Einholung von Angeboten muss der Bauherr darüber entscheiden, welchem Bauunternehmen er den Auftrag zur Durchführung der Bauarbeiten geben möchte. Grundlage dieser Entscheidung ist die Angebotsprüfung des Architekten, welche aus der Gegenüberstellung der Preise und einer Bewertung von Abweichungen, Nebenangeboten usw. sowie einer Vergabeempfehlung besteht. Die Vergabe der Bauleistungen an einen Generalunternehmer oder an mehrere einzelne Handwerksbetriebe (Gewerke) setzt einen Meilenstein in der Kostenentwicklung, weil nach Vergabe Änderungen am Bausoll mit dem Bauunternehmen monetär abzurechnen sind. Gerade bei der Herausnahme bzw. Kündigung von Teilleistungen durch den Bauherrn sind meist trotzdem Zahlungen an den Bauunternehmer zu leisten, weil dieser entweder die komplette Vergütung abzüglich ersparter Aufwendungen oder zumindest seine über die Vertragssumme begründeten Gewinnansprüche erhält.

Die kostenbezogene Aufbereitung der Angebote erstellt der Architekt in der Regel mit einem sogenannten Preisspiegel, welcher die angebotenen und durch den Architekten geprüften Einzelpreise der Bauunternehmen nebeneinanderstellt. > Abb. 31

6. Kostenfeststellung: Ermittlung der tatsächlichen Kosten

Nach Abschluss aller Bauarbeiten und nachdem alle geprüften Schlussrechnungen vorliegen, stellt der bauleitende Architekt die entstandenen Kosten in einer Kostenfeststellung zusammen. Dies dient neben dem eigenen Projektabschluss des Architekten vor allem der Information der Finanzierungsträger bzw. der Prüfungsinstanzen des Bauherrn. So kann beispielsweise die finanzierende Bank oder eine auftraggeberseitige Revisionsabteilung prüfen, ob die überwiesenen Geldmittel auch zweckgebunden für das Gebäude verwendet wurden.

Jede Kostenermittlungsstufe beinhaltet zwangsläufig Abweichungen zur vorherigen, weil es zu Festlegungen, Änderungen oder Konkretisierungen im Prozess kommt. Daher ist stets der Abgleich einer Kostenermittlungsstufe mit den vorhergehenden und der ursprünglichen

Kostenkontrolle

Abb. 31: Beispiel eines Preisspiegels

			Bieter 1		Bieter 2		
Position	Leistung	Menge	EP	GP	EP	GP	...
01.001	Baustelleneinrichtung	pauschal	200,00 EUR	200,00 EUR	450,00 EUR	450,00 EUR	
01.002	Deckenputz	60 m²	19,00 EUR	1140,00 EUR	22,00 EUR	1320,00 EUR	
01.003	Wandputz innen	40 m²	25,00 EUR	1000,00 EUR	20,00 EUR	800,00 EUR	
01.003	Wandputz außen	40 m²	42,00 EUR	1680,00 EUR	46,00 EUR	1840,00 EUR	
01.004	...	...	...	...	...	...	...
...	...	...	...	...	...	...	...
...	...	...	...	...	...	...	...
	Gesamtpreis						...

Abb. 32: Beispiel einer Entscheidungs- und Änderungsliste

Nr.	Datum	Entscheidung/Änderung	freigegeben/ angewiesen	Kosten- auswirkung	Mehrkosten (+) Minderkosten (−)
1	10.03.14	Bemusterung des Fliesenproduktes durch AG	ja	ja	−1535,00 EUR
2	20.03.14	Änderung der Fliesenfarbe	ja	nein	0,00 EUR
3	25.04.14	Nachtrag 01 für Ausgleich des unebenen Untergrunds	nein	ja	+2670,00 EUR
...	...	...	...	...	...

Kostenvorgabe notwendig. Hierbei ist aufzuschlüsseln, was die Gründe für eventuelle Veränderungen der Gesamtkosten sind und wie diese möglicherweise wieder aufgefangen werden könnten. Eine Möglichkeit, dies für den Planungs- und Bauprozess darzustellen, ist eine Entscheidungs- und Änderungsliste, in der die wesentlichen kostenrelevanten Ereignisse nach Beauftragung chronologisch erfasst werden. > Abb. 32

Teilweise wird auftraggeberseitig bzw. durch das Projektmanagement sogar gefordert, jede Entscheidung bzw. alle Änderungswünsche des Auftraggebers mit Kostenrelevanz zu bewerten und diese dem Bauherrn vorzulegen. Dies schafft eine präzise Dokumentation über die kostenrelevanten Prozesse.

Steuernde Eingriffe

Ziel ist es, den Bauherrn in die Lage zu versetzen, seine Entscheidungen zu überdenken oder vielleicht durch andere Maßnahmen zu kompensieren. Dies kann z. B. eine Minderung von anderen Ausbauqualitäten, eine Verkleinerung der Nutzfläche oder Nachfinanzierung mit zusätz-

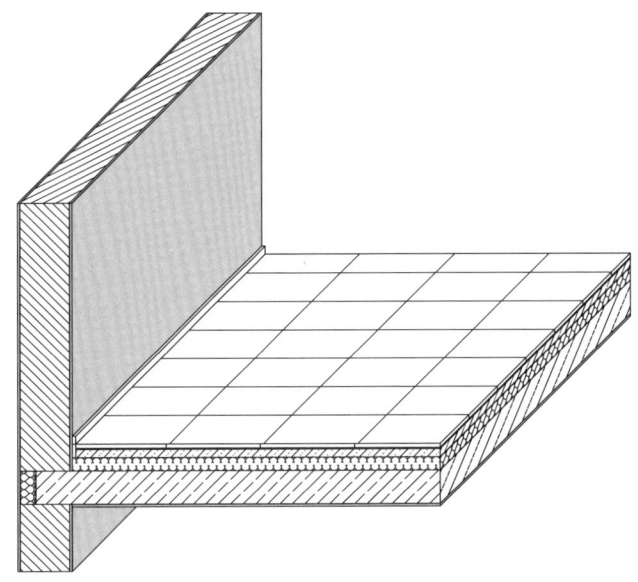

Wandaufbau
Fassadenanstrich, weiß
Kalkzementputz, 3,0 cm
Porenbeton, 36,5 cm
Innenwandputz, Gips 1,0 cm
Dispersionsanstrich, weiß

Deckenaufbau
Steingutfliese, 1,5 cm + Kleber
Zementheizestrich, 6,0 cm
Trittschalldämmung, 5,0 cm
Stahlbetondecke, 25,0 cm
Deckenputz, Gips 1,5 cm
Dispersionsanstrich, weiß

Abb. 33: Bauteilbeispiel Wand/Decke

lichen Mitteln bedeuten. Wesentlich ist dabei, dass er die notwendigen Informationen unmittelbar zur Entscheidung erhält. Später nachgereichte Übersichten, welche Anordnungen in der Vergangenheit zu welchen Konsequenzen geführt haben, sind in der Projektrevision nicht vorteilhaft. Somit beschränkt sich diese Arbeit nicht nur auf die jeweiligen Kostenermittlungsstufen, sondern ist prozessbegleitend und fortlaufend durchzuführen.

ARBEITEN MIT EINER BAUELEMENTBEZOGENEN KOSTENERMITTLUNG IN DER PLANUNGSPHASE

Stellt man im Entwurfsprozess erstmalig eine bauelementbezogene Kostenermittlung auf, so enthält diese in der Regel noch wenig spezifische Angaben zu exakten Qualitäten und Oberflächen. Dies ist der Tatsache geschuldet, dass die Festlegungen der Materialien und Qualitäten in der Regel sukzessive im laufenden Planungsprozess erfolgen. So wird die Aufstellung der Kosten zunächst anhand von allgemeinen Qualitätsannahmen erarbeitet. > Abb. 33 und 34

Grundlagen im Vorentwurf

Oftmals hat der Bauherr zu einzelnen Materialien oder Qualitäten noch keinerlei Aussage gemacht, sodass der Architekt zunächst einen allgemeinen Qualitätsstandard festlegt. Der Bauherr sieht so anhand der

Abb. 34: Einfache bauelementorientierte Kostenermittlung zu Abbildung 33

Bauteil		Menge	Mengeneinheit	IP (EUR/ME)	Gesamtpreis
Decke					
	Fliesen	60	m²	80	4800,00 EUR
	Schwimmender Estrich	60	m²	25	1500,00 EUR
	Stahlbetondecke	60	m²	115	6900,00 EUR
	Putz	60	m²	19	1140,00 EUR
	Anstrich	60	m²	4	240,00 EUR
				gesamt	**14 580,00 EUR**
Wand					
	Fassadenanstrich	40	m²	13	520,00 EUR
	Außenputz	40	m²	42	1680,00 EUR
	Mauerwerk	40	m²	105	4200,00 EUR
	Innenputz	40	m²	25	1000,00 EUR
	Innenanstrich	40	m²	4	160,00 EUR
				gesamt	**7560,00 EUR**

Aufstellung, wovon der Architekt als Standard ausgeht und welche allgemeinen Qualitäten den vom Architekten genannten Baukosten zugrunde liegen.

Fortschreiben im Planungsprozess

Während des Planungsprozesses werden immer wieder neu Entscheidungen getroffen oder Präzisierungen vorgenommen, beispielsweise in Bauherrenbesprechungen. Diese können dann in die aktuelle Kostenermittlung eingearbeitet werden. > Abb. 35 Durch Anpassung der Qualitäten in der Liste und des zugehörigen Kostenkennwerts lassen sich Kostenveränderungen direkt erkennen und gegenüber dem Bauherrn
● kommunizieren.

> ● **Beispiel:** In der Findungsphase des Vorentwurfs sind Abstimmungen zwischen Bauherr und Architekt meist auf die groben gestalterischen Themen des Entwurfs beschränkt. Der Bauherr hat geäußert, dass er einen „guten mittleren Standard" wünscht. In der Kostenermittlung wird durch den Architekten zunächst ohne weitere Spezifika ein einfaches Parkett als Bodenbelag, eine Fliese mit durchschnittlichen Kosten und ein Gipsputz, weiß gestrichen, für die Oberflächen angenommen.

Abb. 35: Konkretisierung der bauelementorientierten Kostenermittlung

Bauteil	Bauelement	Menge	Mengen-einheit	IP (EUR/ME)	Gesamtpreis
Decke					
	Steingutfliese 30 × 60 cm, anthrazit, im Dünnbettverfahren verlegt, Verfugung im Fliesenfarbton, Sockelfliesen	60	m²	80	4800,00 EUR
	Zementestrich als schwimmender Heizestrich, d = 6 cm, auf Trittschalldämmung 5 cm	60	m²	25	1500,00 EUR
	Stahlbetondecke, Ortbeton, d = 25 cm, Schalung, Bewehrung, Unterzüge	60	m²	115	6900,00 EUR
	Deckenputz als Maschinenputz, Gipsputz, d = 1,5 cm, Untergrundvorbehandlung	60	m²	19	1140,00 EUR
	Dispersionsanstrich innen, Decke, weiß	60	m²	4	240,00 EUR
				gesamt	14 580,00 EUR
Wand					
	Außenanstrich mineralischer Untergründe, weiß	40	m²	13	520,00 EUR
	Wandputz außen, Kalkzementputz, d = 3,0 cm, Untergrundvorbehandlung	40	m²	42	1680,00 EUR
	Mauerwerkswand, Porenbeton, d = 36,5 cm	40	m²	105	4200,00 EUR
	Wandputz innen, Gipsputz, d = 1,5 cm Untergrundvorbehandlung	40	m²	25	1000,00 EUR
	Dispersionsanstrich innen, Wand, heller Farbton	40	m²	4	160,00 EUR
				gesamt	7560,00 EUR

Auf diese Weise wird die Kostenfortschreibung zum iterativen Bestandteil der Planung, weil Planungsentscheidungen durch das Feedback der Kostenhinterlegung immer wieder überprüft, angepasst und modifiziert werden, bis eine tragfähige und budgetgerechte Lösung gefunden ist. Durch die Fortschreibung bis zum Ende der Planungsphase wird ein finales Bausoll als Basis der Ausschreibung und Vergabe erzeugt.

Abb. 36: Vergabeorientierung der Kostenermittlung

Gewerk	Bauelement	Menge	IP (EUR/ME)	Gesamtpreis
Rohbau				11 100,00 EUR
	Stahlbetondecke, Ortbeton, d = 25 cm, Schalung, Bewehrung, Unterzüge	60 m²	115,00	6900,00 EUR
	Mauerwerkswand, Porenbeton, d = 36,5 cm	40 m²	105,00	4200,00 EUR
Putzarbeiten				3820,00 EUR
	Deckenputz als Maschinenputz, Gipsputz, d = 1,5 cm, Untergrundvorbehandlung	60 m²	19,00	1140,00 EUR
	Wandputz innen, Gipsputz, d = 1,5 cm Untergrundvorbehandlung	40 m²	25,00	1000,00 EUR
	Wandputz außen, Kalkzementputz, d = 3,0 cm, Untergrundvorbehandlung	40 m²	42,00	1680,00 EUR
Malerarbeiten				920,00 EUR
	Dispersionsanstrich innen, Wand, heller Farbton	40 m²	4,00	160,00 EUR
	Dispersionsanstrich innen, Decke, weiß	60 m²	4,00	240,00 EUR
	Außenanstrich mineralischer Untergründe, weiß	40 m²	13,00	520,00 EUR
Estricharbeiten				1500,00 EUR
	Zementestrich als schwimmender Heizestrich, d = 6 cm, auf Trittschalldämmung 5 cm	60 m²	25,00	1500,00 EUR
Fliesenarbeiten				4800,00 EUR
	Steingutfliese 30 × 60 cm, anthrazit, im Dünnbettverfahren verlegt, Verfugung im Fliesenfarbton, Sockelfliesen	60 m²	80,00	4800,00 EUR
			gesamt	22 140,00 EUR

ARBEITEN MIT EINER GEWERKEORIENTIERTEN KOSTENERMITTLUNG IN DER VERGABEPHASE

Vergabeorientierte Sichtweise Mit Aufstellen der Vergabeunterlagen ändert sich der Blickwinkel der Kostenfortschreibung. Waren bisher der Entwurf und die damit verbundenen Bauteile der wesentliche Fokus, werden nun konkrete Bauleistungen an eine oder mehrere Bauunternehmen vergeben, welche fortan die relevante Strukturierung der Kosten vorgeben.

Die bisher bauteilorientierte Kostentabelle wird daher so umsortiert, dass die einzelnen Bauteile den Vergabeeinheiten bzw. Gewerken untergeordnet werden. Wie beschrieben, > Kap. Methoden der Kostenermittlung, Kostenermittlung über Bauelemente ist die wesentliche Voraussetzung, dass sich jedes

Abb. 37: Abgleich von Budgets und Vergabesummen

Gewerk	Bauelement	Menge	IP (EUR/ME)	Gesamtpreis/ Budget	Vergabepreis	Abweichung
Rohbau				11 100,00 EUR	11 460,00 EUR	+360,00 EUR
	Stahlbetondecke, Ortbeton, d = 25 cm, Schalung, Bewehrung, Unterzüge	60 m²	115,00	6900,00 EUR	7140,00 EUR	+240,00 EUR
	Mauerwerkswand, Porenbeton, d = 36,5 cm	40 m²	105,00	4200,00 EUR	4320,00 EUR	+120,00 EUR
Putzarbeiten				3820,00 EUR	3620,00 EUR	−200,00 EUR
	Deckenputz als Maschinenputz, Gipsputz, d = 1,5 cm, Untergrundvorbehandlung	60 m²	19,00	1140,00 EUR	1020,00 EUR	−120,00 EUR
	Wandputz innen, Gipsputz, d = 1,5 cm Untergrundvorbehandlung	40 m²	25,00	1000,00 EUR	1080,00 EUR	+80,00 EUR
	Wandputz außen, Kalkzementputz, d = 3,0 cm, Untergrundvorbehandlung	40 m²	42,00	1680,00 EUR	1520,00 EUR	−160,00 EUR
...	...	...	...	...	...	...

Bauelement einwandfrei sowohl einem Bauteil als auch einem Gewerk oder einer Vergabeeinheit zuordnen lässt. So können die Bauelemente ohne Umrechnungen oder Anpassungen einfach umsortiert und vergabeorientiert zusammengefasst werden.

Durch Summenbildung der einzelnen Bauelemente unterhalb einer Vergabeeinheit werden die Vergabebudgets gebildet, welche bei Submission und Auswertung der Angebote direkt verglichen werden können. Diese Aufstellung ist Grundlage für die Kostenverfolgung in der gesamten Bauphase. *Bildung von Vergabebudgets*

Bei einer gewerkeweisen Vergabe an einzelne Handwerker können so Über- oder Unterschreitungen der berechneten Vergabebudgets bei im Bauprozess späteren Vergaben wieder aufgefangen werden. Wird z. B. der Rohbau teurer vergeben als ursprünglich in der Kostenermittlung prognostiziert, können bei Ausbaugewerken noch Qualitätsstandards reduziert werden oder anteilig mehr kostengünstigere Oberflächen verwendet werden, um das Projektbudget einzuhalten. > Abb. 38

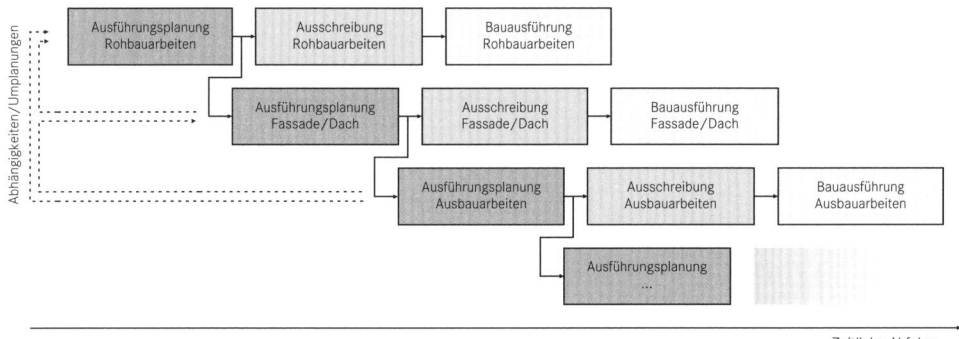

Abb. 38: Typischer Ablauf einer baubegleitenden Planung und Vergabe

KOSTENVERFOLGUNG IN DER BAUPHASE

Mit Vergabe der Bauleistung werden die Baukosten durch die vertragliche Vereinbarung der Vergütung als pauschale oder vorläufige (bei Abrechnungs-/Einheitspreisverträgen) Summe fixiert. Unabhängig davon, ob die Leistung pauschaliert wird oder nach Aufwand abgerechnet wird, gibt es bei fast allen Projekten während der Ausführung Anpassungen des Bausolls.

Daher ist es notwendig, während der gesamten Bauzeit die Kosten fortzuschreiben und zu kontrollieren. Spürbare Kostenveränderungen müssen dem Bauherrn direkt kommuniziert werden, damit dieser bei Bedarf steuernd eingreifen kann. Kleinere Kostenänderungen sind hingegen normal und bedürfen nicht zwangsläufig der Intervention.

○ Struktur der Kostenverfolgung

Je Vergabeeinheit entsteht folgender Ablauf in der Kostenverfolgung:
1. Festlegung der Budgets
2. Ausschreibung und Angebotseinholung
3. Auswertung und Abgleich der Vergabesumme mit der Budgetvorgabe
4. Kostenprognosen und Kostenverfolgung während des Bauprozesses
5. Nachhalten von Änderungen des Leistungsumfangs oder -inhalts
6. Kostenfeststellung nach Prüfung der Schlussrechnung

> Kap. Fortschreiben der Kostenplanung, Arbeiten mit einer gewerkeorientierten Kostenermittlung in der Vergabephase

Ablauf bei Einzelvergabe

Wenn die Bauleistungen an mehrere Unternehmen vergeben werden, ist anhand dieses Schemas jedes einzelne hinsichtlich der Kosten zu überwachen. Grund: Alle Bauunternehmen werden zu unterschiedlichen Zeitpunkten eingesetzt. So kann es im Bauprozess vorkommen, dass einzelne Gewerke (z. B. Erdarbeiten, Rohbau) schon final abgerechnet

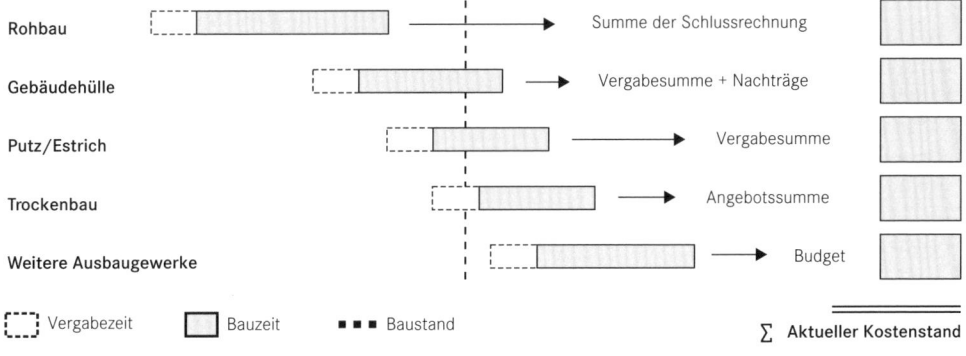

Abb. 39: Ermittlung des aktuellen Kostenstands in der Bauphase

sind, wogegen spätere Ausbaugewerke noch nicht einmal ausgeschrieben und vergeben sind. Wieder andere Gewerke befinden sich unter Umständen mitten in der Ausführung. Wenn nun ein aktueller Kostenstand ermittelt werden soll, müssen unterschiedliche Vergabe- und Leistungsstände der Gewerke berücksichtigt werden. Bei abgeschlossenen Leistungsbereichen wird dazu die Summe der Schlussrechnung übernommen, bei aktuell tätigen Gewerken werden die Vergabesummen zuzüglich bekannter Nachträge und Leistungsabweichungen zum Bausoll herangezogen. Gewerke, die noch nicht ausgeschrieben sind, werden weiterhin mit dem errechneten Budget geführt. Sobald Angebote vorliegen oder die Beauftragung erfolgt ist, werden die entsprechenden Vertragssummen übernommen. > Abb. 39

Auf diese Weise entsteht eine gewerkebezogene Kostentabelle, die auf Basis der vergabeorientierten Kostenermittlung weitergeführt werden kann. In der letzten Spalte werden jeweils die aktuellsten Kostendaten eines Gewerks zusammengefasst, sodass die Summe dieser Spalte den Kostenstand widerspiegelt. > Abb. 40

Bei der Prüfung unternehmerseitiger Rechnungen kann sich herausstellen, dass sich die ursprünglich angenommenen Mengenansätze deutlich von der Abrechnungsmenge unterscheiden. Bestehen Mengenabweichungen bei kostenrelevanten Positionen, sollte die Abweichung in die Kostentabelle übernommen werden.

Erkenntnisse aus der Rechnungsprüfung

○ **Hinweis:** Bei einem Einheitspreisvertrag wird nach erbrachter Leistungsmenge abgerechnet. Eine Pauschalierung der Vergütung bewirkt, dass das Mengenrisiko auf Seiten des Bauunternehmers liegt. Dies ist unabhängig davon, wie detailliert oder funktional das Bausoll beschrieben ist.

Abb. 40: Struktur einer Kostentabelle in der Bauphase

Gewerk/ Vergabeeinheit	Bauelemente	Menge ME	Budget Kostenanschlag	Vergabesumme	Nachträge/ Kostenprognose	Schlussrechnung	Aktueller Kostenstand
Gewerk 1	Bauelement 1						
	Bauelement 2						

Einarbeitung von Nachträgen

Vielfach müssen Leistungen ausgeführt werden, die nicht vom vereinbarten „Bausoll" erfasst sind, weil sie bei der Ausschreibung vergessen wurden, nicht zu erkennen waren, erst im Bauablauf auftreten oder durch den Bauherrn im Nachhinein angeordnet werden. Abweichungen vom „Bausoll" (auch als Nachträge bezeichnet) können neben den bereits beschriebenen Mengenabweichungen aus Leistungsmodifikationen oder Bauzeitverzögerungen entstehen. Leistungsmodifikationen umfassen alle Änderungsanordnungen des Bauherrn, zusätzlich notwendige Leistungen, Herausnahmen oder Teilkündigungen usw. Unter Bauzeitverzögerungskosten versteht man alle zusätzlichen Kosten, die etwa durch Behinderungen im Bauprozess, Verlängerungen der Bauzeit oder Beschleunigungen resultieren.

Nachtragsforderungen seitens der Bauunternehmen werden nach Anspruchsgrundlage, Berechtigung und Höhe geprüft. In der Regel muss der Nachtragspreis dem Vertragspreisniveau entsprechen. Wenn also ein Unternehmer ein sehr günstiges Angebot abgegeben hat, muss auch der Nachtragspreis entsprechend niedrig liegen. Nachtragskosten werden dann in die Kostentabelle übernommen, wobei nach ungeprüften, geprüften und beauftragten Nachträgen unterschieden werden kann. Bei größeren Projekten werden meist separate Nachtragslisten geführt, die chronologisch alle bisherigen Nachträge erfassen und bewerten. Die Summen dieser Nachtragslisten werden dann in die Kostenaufstellung übertragen.

Kostenprognosen

Es muss jedoch nicht immer ein Nachtrag vorliegen, um Mehrkosten im Bauprozess zu erkennen. Vielfach bemerkt der Bauleiter Dinge,

● **Beispiel:** Oftmals wird im Vorfeld der Baugrund nur stichprobenhaft mit Probebohrungen untersucht. Die daraus resultierenden Mengenannahmen bei verschiedenen gefundenen Bodenklassen können sich während des Erdaushubs als falsch herausstellen. Die Kosten bei Einheitspreisverträgen sind daher in der Kostentabelle entsprechend anzupassen.

Abb. 41: Vergabeorientierte Kostenfeststellung für den Bauherrn

Gewerk/Vergabeeinheit	Summe Schlussrechnung
Rohbauarbeiten	512 134,50 EUR
Dachabdichtungsarbeiten	64 478,42 EUR
Fassadenarbeiten	83 210,00 EUR
Fenster	51 619,36 EUR
Putzarbeiten	12 820,00 EUR
Trockenbau	21 143,67 EUR
Malerarbeiten	10 405,50 EUR
Heizung/Sanitär	134 685,08 EUR
...	...
Baukosten gesamt	**1 105 680,05 EUR**

die noch nicht thematisiert wurden, jedoch im weiteren Bauprozess zu Mehrkosten führen könnten. Wurden beispielsweise Positionen in der Ausschreibung vergessen, so sind die Kosten direkt bei Kenntnisnahme als Prognose in die Kostenaufstellung zu integrieren – auch wenn das ausführende Bauunternehmen hierzu noch keinen Nachtrag gestellt hat.

KOSTENFESTSTELLUNG UND AUSWERTUNG

Wenn das Projekt abgenommen ist und die Mängelbeseitigung durchgeführt wurde, stellen die ausführenden Bauunternehmen innerhalb einer vertraglich fixierten Frist ihre Schlussrechnungen. Diese umfassen alle im Projekt angefallenen Kosten auf Basis der vertraglich vereinbarten und ergänzend entstandenen Nachträge. Die Schlussrechnungen werden durch den Architekten auf Richtigkeit geprüft und gegebenenfalls korrigiert.

Die Kostenfeststellung, die dem Nachweis der tatsächlichen Projektkosten dient > Kap. Fortschreiben der Kostenplanung, Grundlagen zum Fortschreiben und Pflege einer Kostenplanung, wird aus der Summe aller beim Projekt angefallenen Kosten gebildet und ist als letzte Kostenermittlungsstufe eine Rückschau auf die entstandenen Kosten. Meist wird eine Liste aller schlussgerechneten Kosten erstellt und als Gesamtsumme erfasst, welche dem Informationsinteresse des Bauherrn in der Regel genügt.

Summe aller Schlussrechnungen

Falls die Tabellenstruktur nach Planungs- und Bauprozess geordnet fortgeschrieben wurde, können die vergabeorientierten Abrechnungssummen ohne großen Aufwand wieder den ursprünglichen Bauelementen zugeordnet werden. Dies hat für den Architekten entscheidende Vorteile, da er das Projekt auswerten kann und somit Rückschlüsse sowie Kostenkennwerte für zukünftige Projekte ermittelt werden.

Umsortierung nach Bauteilen

Abb. 42: Ermittlung von Kostenkennwerten

Gewerk/ Vergabeeinheit	Titel	Abrechnungssumme Titel	Abrechnungsmenge	Kostenkennwert Inklusivpreis
Trockenbau				
	Trockenbauwände	24 154,50 EUR	517,56 m²	ca. 47,00 EUR/m²
	Brandschutzwände	3468,36 EUR	46,50 m²	ca. 75,00 EUR/m²
	Abhangdecken	11 210,42 EUR	214,67 m²	ca. 52,00 EUR/m²
	...	...		

Bildung von Kostenkennwerten

Zu diesem Zweck werden die tatsächlich abgerechneten Summen inklusive aller Änderungen, Nachträge usw. durch die abgerechneten Mengen dividiert. Bei der Bildung eigener bauelementbezogener Kostenkennwerte ist zu berücksichtigen, dass zur Ermittlung alle Nebenbestandteile wieder eingerechnet werden. Am einfachsten gelingt dies, wenn bereits in der Ausschreibung alle wesentlichen Bauteile in eigenen Titeln einschließlich der zugehörigen Nebenpositionen erfasst wurden. So kann der Kennwert aus abgerechneter Titelsumme und Menge der Hauptposition ermittelt werden. > Abb. 42

Zur Aufbereitung von Grobelement-Kennwerten sind die entsprechenden Kosten aus der zurücksortierten bauteilorientierten Kostenaufgliederung als Summe zu bilden. Für die Bildung von volumen-/flächenbezogenen Kostenkennwerten sind die abgerechneten Baukosten durch die in der Regel bereits zum Bauantrag ermittelten Grundflächen und den Bruttorauminhalt zu dividieren.

○ **Hinweis:** Das Anlegen eigener Kostendatenbanken generiert wichtiges Knowhow für Planungsbüros. Kostenkennwerte, die aus eigenen Projekten ermittelt wurden, beschreiben Kosten nach den individuellen Qualitätsanforderungen, Konstruktionen und Detaillierungsgraden des Büros und sind daher wesentlich präziser als allgemein zugängliche statistische Mittelwerte.

■ **Tipp:** Man sollte Kostenkennwerte in der eigenen Datenbank immer ohne Mehrwertsteuer sammeln, denn diese kann gesetzlich verändert werden. Ebenso ist die Verknüpfung mit dem Baujahr sinnvoll, um auch Jahre später noch Kostenkennwerte über Inflation und statistische Anpassung nutzen zu können. Die Statistikämter fast aller Staaten erfassen hierzu dezidierte Preisentwicklungen im Bausektor.

Normative Grundlagen

Die Methoden zur Kostenermittlung und wesentliche Aspekte der Baukostenplanung unterliegen national verschiedenen Normungen und sind bisher nur auf einer allgemeingültigen Basis behandelt worden. Im folgenden Abschnitt werden deswegen speziell für Deutschland, Österreich und die Schweiz wesentliche Normen kurz beschrieben. Für detaillierte Informationen sollten in jedem Fall die einzelnen Normtexte in der aktuell gültigen Fassung herangezogen werden.

DIN 276 IN DEUTSCHLAND

In Deutschland werden die Baukosten in der DIN 276 – Kosten im Bauwesen geregelt. Diese Norm definiert alle wichtigen Begriffe, macht Vorgaben zu Art, Umfang und Zeitpunkt der jeweiligen Kostenermittlungsstufen und gibt eine feste Kostenstruktur mit Kostengruppen (KG 100–700) > Abb. 7 vor, nach der die Berechnungen aufgebaut sein müssen. Die Kostengruppen sind in jeweils drei Ebenen untergliedert (1. Ebene: Bauwerk, 2. Ebene: Grobelemente, 3. Ebene: Bauelemente). Die Kostenermittlungen nach DIN 276 können jedoch ebenso in einer ausführungsorientierten Gliederungsstruktur nach Vergabeeinheiten erstellt werden.

> Kap. Fortschreiben der Kostenplanung, Arbeiten mit einer gewerkeorientierten Kostenermittlung in der Vergabephase Als Grundlage für die notwendige Massen- und Mengenermittlung der Kosten nach DIN 276 dient die DIN 277 – Grundflächen und Rauminhalte von Bauwerken im Hochbau.

Den Ausgangspunkt der Kostenplanung nach DIN 276 stellt die Kostenvorgabe durch den Bauherrn zu Beginn des Projektes dar, an der sich im Projektverlauf alle anderen Kostenermittlungsstufen orientieren sollen und kontrolliert werden können. Bei der Kostenvorgabe wird grundsätzlich zwischen dem Minimal- und dem Maximalprinzip unterschieden.

> Kap. Grundlagen der Kostenplanung, Begriffe und Strukturen

Im Rahmen der Kostenplanung definiert die DIN 276 die folgenden Tätigkeiten: *Kostenplanung*

— Kostenermittlung: Bezogen auf den jeweils aktuellen Planungsstand, werden Kosten als Entscheidungsgrundlage für den Bauherrn ermittelt.
— Kostenkontrolle: Alle Kostenermittlungen werden fortwährend mit der Kostenvorgabe und vorangegangenen Kostenermittlungen verglichen, um Abweichungen und deren Ursachen zu erkennen.
— Kostensteuerung: Bei festgestellten Abweichungen wird steuernd eingegriffen, sodass die Kostenvorgabe nach Möglichkeit eingehalten werden kann.

Kostenermittlungsstufen Im Rahmen der Kostenermittlung sind fünf Kostenermittlungsstufen vorgesehen, die als Entscheidungsgrundlage zur Fortführung des Projekts an verschiedene Leistungsphasen nach HOAI geknüpft sind.

1. Kostenrahmen (Leistungsphase 1 – Grundlagenermittlung)
2. Kostenschätzung (Leistungsphase 2 – Vorplanung)
3. Kostenberechnung (Leistungsphase 3 – Entwurfsplanung)
4. Kostenanschlag (Leistungsphase 5/6 – Ausführungsplanung/Ausschreibung)
5. Kostenfeststellung (Leistungsphase 8 – Bauobjektüberwachung)

Der Kostenrahmen wird in der Grundlagenermittlung (Leistungsphase 1) gesetzt. Da es zu diesem Zeitpunkt noch kein Entwurfskonzept gibt, wird die Umsetzbarkeit innerhalb der Kostenvorgabe des Projekts hinsichtlich der Größe und der gewünschten Qualitäten überprüft. Die Kosten werden nur bis zur ersten Ebene der Kostengliederung aufgeschlüsselt (Kostengruppen 300 und 400 können zusammengefasst werden). Anhand des Kostenrahmens soll der Bauherr entscheiden, ob die Planung für das Bauvorhaben begonnen werden soll.

Die Kostenschätzung wird anhand des Vorentwurfs (Leistungsphase 2) durchgeführt. Mit Hilfe der Vorentwurfspläne muss der Bauherr entscheiden, ob er das Projekt unter den bisherigen Rahmenbedingungen weiterverfolgen möchte. Die Kosten werden hierbei nach DIN 277 mit Hilfe des Bruttorauminhalts, der Bruttogrundfläche oder der Nutzfläche bis zur ersten Ebene der Kostengliederung ermittelt, die sich aus den Plänen ableiten lassen.

Die Kostenberechnung wird anhand der Entwurfsplanung (Leistungsphase 3) durchgeführt. Unter Hinzuziehung der technisch mit dem Statiker, dem Haustechnikplaner und weiteren Fachplanern abgestimmten Entwurfspläne muss der Bauherr entscheiden, ob er das Projekt unter den bisherigen Rahmenbedingungen als Bauantrag einreichen möchte. In dieser Phase müssen die Kosten bis zur zweiten Ebene der bauteilorientierten Kostengliederung aufgegliedert werden.

Der Kostenanschlag muss vor der Einholung von Angeboten durchgeführt werden. Er soll dem Bauherrn ermöglichen, eine Entscheidung über die geplanten Qualitäten vor der Vergabe zu treffen. Alle in Ausführungsplanung und Vorbereitung der Ausschreibungen genauer definierten Qualitätsinformationen müssen berücksichtigt werden, deswegen soll der Kostenanschlag bis zur dritten Ebene durchgeführt werden. In der Kostenermittlung soll ebenfalls die vergabeorientierte Sichtweise ergänzt werden, sodass die einzelnen Budgets der Vergabeeinheiten ermittelt werden können. Während der Vergabe und in der Bauphase erfolgt eine stetige Fortschreibung, wobei die geplanten Kosten anhand der Marktpreise immer weiter verifiziert werden.

Die Kostenfeststellung wird nach Abschluss der Bauobjektüberwachung (Leistungsphase 8) durchgeführt. Hierbei werden alle Schlussrechnungssummen der einzelnen Gewerke erfasst und auch bauteilorientiert bis zur dritten Ebene aufgeschlüsselt. Diese finale Dokumentation der tatsächlich entstandenen Kosten stellt vor allem für den Finanzierungsträger des Bauherrn eine Notwendigkeit dar.

Bei Projekten im Bestand fordert die DIN 276 eine Unterteilung der Kosten in die Bereiche Abbruch, Instandsetzung und Neubau, um die Kostenentstehung besser nachvollziehen zu können. Auch soll der Wert vorhandener Bausubstanz und wieder verwendeter Bauteile gesondert ausgewiesen werden.

Besonderheiten

ÖNORM B 1801 IN ÖSTERREICH

In Österreich werden die Baukosten in der ÖNORM B 1801- Bauprojekt- und Objektmanagement geregelt (früher ÖNORM B 1801 – Kosten im Hoch- und Tiefbau). Diese Norm definiert ähnlich wie die deutsche DIN 276 einzelne Begriffe und beschreibt Anforderungen an die Kostenermittlungsstufen. Diese sind ebenfalls nach einer vorgeschriebenen Kostengliederung zu strukturieren und zeitlich an verschiedene Leistungsphasen nach HOA geknüpft.

Diese Kostengliederung wird in die folgenden zusammenhängenden Kostenbereiche unterteilt:

Kostengliederung

0: Grund
1: Aufschließung
2: Bauwerk-Rohbau
3: Bauwerk-Technik
4: Bauwerk-Ausbau
5: Einrichtung
6: Außenanlagen
7: Honorare
8: Nebenkosten
9: Reserven

○ **Hinweis:** In der DIN 276 ist eine durchlaufende Kostenkontrolle und -steuerung unter Punkt 3.5 festgeschrieben. So wird der Prozesscharakter des Planungs- und Bauprozesses auch in der Kostenplanung berücksichtigt.

○ **Hinweis:** Nach DIN 276 muss der Architekt den Bauherrn auf mögliche Kostenrisiken hinweisen und Aussagen über die Art, den Umfang und die Eintrittswahrscheinlichkeit in seinen Kostenermittlungen aufnehmen. Gerade im Bestand gibt es viele Unwägbarkeiten, die aus der vorhandenen Gebäudesubstanz entstehen. Der Architekt ist gut beraten, den Bauherrn frühzeitig auf diese Probleme hinzuweisen und wenn notwendig weitere Fachplaner frühzeitig mit einzubeziehen.

Weiterhin erfolgt eine Zusammenfassung der Kosten von einzelnen Hauptgruppen in die folgenden Gruppen:

Bauwerkskosten	=	Summe der Kostenbereiche 2 bis 3
Baukosten	=	Summe der Kostenbereiche 1 bis 6
Errichtungskosten	=	Summe der Kostenbereiche 1 bis 9
Gesamtkosten	=	Summe der Kostenbereiche 0 bis 9

Kostenermittlungsstufen

Im Rahmen der Kostenermittlung sind in der ÖNORM B 1801 folgende fünf Kostenermittlungsstufen vorgesehen:
1. Kostenrahmen
2. Kostenschätzung (Vorentwurf, Leistungsphase 1 nach HOA)
3. Kostenberechnung (Entwurf, Leistungsphase 2 nach HOA)
4. Kostenanschlag (Kostenermittlungsgrundlagen, Leistungsphase 4 nach HOA)
5. Kostenfeststellung (Geschäftliche Oberleitung, Leistungsphase 7 nach HOA)

BAUKOSTENPLAN HOCHBAU IN DER SCHWEIZ

In der Schweiz werden alle Kosten zur Erstellung (Anlagekosten) eines Hochbaus in einem Baukostenplan (eBKP-H) zusammengefasst. Die Erstellung und Gliederungsstruktur dieses Baukostenplans ist in der Norm SN 506 511 – Baukostenplan Hochbau geregelt. Diese Norm definiert ähnlich wie die deutsche DIN 276 und die ÖNORM 1801 einzelne Begriffe und beschreibt Anforderungen an die Kostenermittlungsstufen.

Kostengliederung

Der Baukostenplan Hochbau unterscheidet die vier normierten Ebenen der Hauptgruppen, der Elementgruppen, der Elemente und der Teilelemente und deren jeweilige Bezugsgrößen.

Die Hauptgruppen werden wie folgt gegliedert:
A: Grund
B: Vorbereitungsarbeiten
C: Konstruktion Gebäude
D: Technik Gebäude
E: Äußere Wandbekleidung Gebäude
F: Bedachung Gebäude
G: Ausbau Gebäude

○ **Hinweis:** Ähnlich wie in der DIN 276 gibt es zwei Gliederungsmöglichkeiten, nach denen Baukosten aufgestellt werden können. Die ausführungsorientierte Gliederung erfolgt nach Leistungsbereichen, die planungsorientierte Gliederung nach Grobelementen, Elementen und Elementtypen.

○ **Hinweis:** Die Zentralstelle zur Rationalisierung im Bauwesen (CRB) erfasst und analysiert für die Schweiz Baukostendaten von abgeschlossenen Projekten. Es werden nutzungsspezifische Kostenkennwerte gebildet, die als umfangreiche Dokumentation für die Planung verwendet werden können.

H: Nutzungsspezifische Anlage Gebäude
I: Umgebung Gebäude
J: Ausstattung Gebäude
V: Planungskosten
W: Nebenkosten zur Erstellung
Y: Reserve, Teuerung
Z: Mehrwertsteuer

Für die Zusammenfassung der Kosten von einzelnen Hauptgruppen werden folgende Begriffe definiert:

Anlagekosten	=	Summe der Hauptgruppen A bis Z
Erstellungskosten	=	Summe der Hauptgruppen B bis W
Bauwerkskosten	=	Summe der Hauptgruppen C bis G

Folgende Kostenermittlungsstufen werden unterschieden, die jeweils mit Teilphasen nach Ordnung SIA 112 verknüpft sind:

<small>Kostenermittlungsstufen</small>

1. Schätzung des Finanzbedarfs (strategische Planung)
2. Kostengrobschätzung (Vorstudie)
3. Kostenschätzung (Vorprojekt)
4. Kostenvoranschlag (Bauprojekt)
5. Revidierter Kostenvoranschlag (Ausschreibung und Realisierung)
6. Schlussabrechnung (am Ende der Realisierung)

○ **Hinweis:** Der Baukostenplan für den Tiefbau ist in der Norm SN 506 512 – Baukosten Tiefbau geregelt. Die tiefbauspezifischen Hauptgruppen sind von L bis T gegliedert. Bei Bedarf können somit Baukostenpläne für den Hoch- und Tiefbau in einem gemeinsamen Kostenplan kombiniert werden.

Schlusswort

Bei fast allen Architekturprojekten stehen die Baukosten im Blickfeld des Auftraggebers und entscheiden über den Erfolg oder Misserfolg eines Projektes. Die ästhetische Qualität eines Gebäudes ist sehr wichtig, unterliegt aber subjektiven Bewertungskriterien – technisch kann der Bauherr sein Gebäude als fachlicher Laie meist nur bedingt bewerten. Neben der Nutzerfreundlichkeit eines Gebäudes ist die Einhaltung von Kosten und Terminen jedoch eine Fixgröße, die auf der einen Seite für den Bauherrn extrem wichtig, auf der anderen Seite für ihn auch sehr gut bewertbar ist. Die Einhaltung der geplanten Baukosten kann immer mit Hilfe von konkreten Zahlen bewertet werden. Hohe gestalterische Ansprüche und gute architektonische Konzepte können nur dann ansprechend verwirklicht und umgesetzt werden, wenn sie auch auf einer professionellen Kostenplanung basieren. Diese sichert zum einen die gewünschten Qualitäten, gewährleistet aber zunächst einmal überhaupt erst die allgemeine Finanzierbarkeit des Projekts, ohne die gar keine Architektur geschaffen werden könnte. Daher ist es essenziell, dass Architekten Kosten als wesentliches Planungselement begreifen und die entstehenden Entwürfe und Projekte strukturiert und mit hinterlegten Kosten vernetzt fortschreiben.

Obwohl das Thema Kosten im Architekturstudium oftmals keine wichtige Rolle spielt, ist die Kostenkompetenz von Architekten im späteren Berufsleben eine wesentliche Voraussetzung für eine erfolgreiche Tätigkeit. Aus diesem Grund sind die hier präsentierten Methoden und praxisnahen Vorgehensweisen ein wichtiger Baustein des Architekturstudiums in Vorbereitung auf das spätere Berufsleben. Kreatives Entwerfen, technisches Konstruieren, ganzheitliche Koordination und kompetentes Kostenplanen als iterativen Prozess zu verstehen, macht das Repertoire eines guten Architekten aus. So wie sich der Entwurfsprozess nicht schematisieren lässt, ist auch die Kostenplanung ein projektbezogen heterogener Prozess, der sich einerseits den speziellen Bedürfnissen und dem Informationsinteresse des Bauherrn anpasst und auf der anderen Seite das individuelle Projekt mit seinen spezifischen Eigenarten abzubilden versteht.

Anhang

LITERATUR

Bert Bielefeld, Thomas Feuerabend: *Baukosten- und Terminplanung*, Birkhäuser Verlag, Basel 2007

Bert Bielefeld, Mathias Wirths: *Entwicklung und Durchführung von Projekten im Bestand*, Vieweg + Teubner Verlag, Wiesbaden 2010

BKI Baukosteninformationszentrum, Stuttgart: *Baukosten Altbau*

BKI Baukosteninformationszentrum, Stuttgart: *Baukosten, Bauelemente, Statistische Kostenkennwerte Teil 2*

BKI Baukosteninformationszentrum, Stuttgart: *Baukosten, Gebäude, Statistische Kostenkennwerte Teil 1*

BKI Baukosteninformationszentrum, Stuttgart: *Baukosten, Positionen, Statistische Kostenkennwerte Teil 3*

BKI Baukosteninformationszentrum, Stuttgart: *Baukosten, Positionen, Statistische Kostenkennwerte Teil 3*

BKI Baukosteninformationszentrum, Stuttgart: Fachbuchreihe *Objektdaten, Kosten abgerechneter Bauwerke*

CRB Standards für das Bauwesen, Zürich: *Baukostenplan Hochbau eBKP-H, SN 506 511*

CRB Standards für das Bauwesen, Zürich: *Anwenderhandbuch zum Baukostenplan Hochbau eBKP-H*

CRB Standards für das Bauwesen, Zürich: Fachbuchreihen *Objektarten, Elementarten und Normpositionen*

Schmitz, Krings, Dahlhaus, Meisel: Fachbuchreihe *Baukosten*, Verlag für Wirtschaft und Verwaltung, Hubert Wingen, Essen

DIE AUTOREN

Bert Bielefeld, Prof. Dr.-Ing. Architekt, lehrt an der Universität Siegen Bauökonomie und Baumanagement und ist geschäftsführender Gesellschafter des Architekturbüros bertbielefeld&partner in Dortmund.

Roland Schneider, Dipl.-Ing. M. Sc. Architekt, ist wissenschaftlicher Mitarbeiter in den Bereichen Bauökonomie und Baumanagement an der Universität Siegen und Geschäftsführer des Architekturbüros art-schneider in Köln.

Dank gebührt Ann Christin Hecker und Benjamin Voss für die Unterstützung bei der Erstellung der Grafiken.

Reihenherausgeber: Bert Bielefeld
Konzept: Bert Bielefeld, Annette Gref
Lektorat und Projektkoordination: Annette Gref
Layout und Covergestaltung: Andreas Hidber
Satz und Produktion: Amelie Solbrig

Papier: Magno Natural, 120 g/m²
Druck: Beltz Grafische Betriebe GmbH

Library of Congress Cataloging-in-Publication data
A CIP catalog record for this book has been applied for at the Library of Congress.

Bibliografische Information der Deutschen Nationalbibliothek
Die Deutsche Nationalbibliothek verzeichnet diese Publikation in der Deutschen Nationalbibliografie; detaillierte bibliografische Daten sind im Internet über http://dnb.dnb.de abrufbar.

Dieses Werk ist urheberrechtlich geschützt. Die dadurch begründeten Rechte, insbesondere die der Übersetzung, des Nachdrucks, des Vortrags, der Entnahme von Abbildungen und Tabellen, der Funksendung, der Mikroverfilmung oder der Vervielfältigung auf anderen Wegen und der Speicherung in Datenverarbeitungsanlagen, bleiben, auch bei nur auszugsweiser Verwertung, vorbehalten. Eine Vervielfältigung dieses Werkes oder von Teilen dieses Werkes ist auch im Einzelfall nur in den Grenzen der gesetzlichen Bestimmungen des Urheberrechtsgesetzes in der jeweils geltenden Fassung zulässig. Sie ist grundsätzlich vergütungspflichtig. Zuwiderhandlungen unterliegen den Strafbestimmungen des Urheberrechts.

ISBN 978-3-03821-530-1

e-ISBN (PDF) 978-3-0356-1260-8
e-ISBN (EPUB) 978-3-0356-1180-9
Englisch Print-ISBN 978-3-03821-532-5

© 2019 Birkhäuser Verlag GmbH, Basel
Postfach 44, 4009 Basel, Schweiz
Ein Unternehmen der Walter de Gruyter GmbH, Berlin/Boston

9 8 7 6 5 4 3

www.birkhauser.com